中华文化
新读

激活儒学

王 蒙 著

四川人民出版社

图书在版编目（CIP）数据

激活儒学 / 王蒙著. —— 成都 : 四川人民出版社, 2021.11
ISBN 978-7-220-12411-2

Ⅰ. ①激… Ⅱ. ①王… Ⅲ. ①儒学 - 研究 Ⅳ. ①B222.05

中国版本图书馆CIP数据核字（2021）第177597号

JIHUORUXUE
激活儒学

王蒙 著

出 版 人	黄立新
责任编辑	王 雪
特约编辑	刘净植
封面设计	蔡立国
内文设计	毕梦博
内文排版	吴 磊
责任印制	祝 健
出版发行	四川人民出版社（成都市槐树街2号）
网　　址	http://www.scpph.com
E-mail	scrmcbs@sina.com
新浪微博	@四川人民出版社
微信公众号	四川人民出版社
发行部业务电话	（028）86259624　86259453
防盗版举报电话	（028）86259624
印　　刷	成都国图广告印务有限公司
成品尺寸	130mm×200mm
印　　张	5.25
字　　数	81千
版　　次	2021年11月第1版
印　　次	2021年11月第1次印刷
书　　号	ISBN 978-7-220-12411-2
定　　价	48.00元

图书策划：■ 活字文化

■版权所有·侵权必究
本书若出现印装质量问题，请与我社发行部联系调换
电话：（028）86259453

目录

代绪论　我们的儒学　　　　　　　　　　　Ⅰ

第一章　斯文济世，天下归仁

一、文化的追求在于光明与幸福　　　003
二、儒学是亲和、
　　恰到好处的此岸思潮　　　　　006
三、读《论语》如坐春风　　　　　　010
四、为什么黑格尔理解不了孔子　　　013
五、孔子的头衔与儒学的命运　　　　016
六、孔子思路的渐进性与平易性　　　021
七、修齐治平的简易性与完整性　　　027
八、孔子的使命感、天命论　　　　　034

九、儒学的礼治理论与礼义软实力　　042

十、正名、君子、劝学、中庸、尚同、
　　尚文等儒学的崇敬体系　　051

十一、儒学的理想与实践　　064

第二章　儒家精英主义——君子文化

一、君子小人之辨　　079

二、君子的中庸之道　　080

三、坦荡与戚戚　　081

四、君子和而不同　　083

五、君子反求诸己　　086

第三章　人性·民心·天意·精英主义

一、亚圣孟轲　　093

二、义利分明　　095

三、从民本到精英　　098

四、关键在民心　　103

五、孔孟是不是复古　　107

六、对精英的期许 109
七、中国特色的权力与意识形态平衡 113
八、性善论的根本性与信仰性 115
九、圣贤垂范天下 119
十、孟子的为学 123

第四章 荀子的重要意义

一、与众不同的性恶论 131
二、左右齐备,左右逢源 134
三、礼治是一种文化 135
四、不求知天,注意人事 137
五、君王之道 139
六、臣有臣之道 141
七、荀子学说的立体性与操作性 143

出版说明 147

代绪论

我们的儒学

中华文化传统源远流长，内涵丰富，经历曲折起伏，屡遭考验挑战，终于获得了新创造、新生命、新时代化与新机遇。我们正在中国特色社会主义现代化的历史进程中，实现马克思主义的本土化，也是实现传统文化、传统儒学的创造性转变与创新性发展。

文化创新、理论创新、制度创新，是觉醒年代——百年前，中国共产党建立的前提与昭示。中国共产党的建立，靠的是马克思主义、苏联范例；以及来自传统文化的天下为公、世界大同、替天行道、得民心者得天下，老吾老以及人之老、幼吾幼以及人之幼，兴亡有责、舍我其谁，穷则变、变则通、通则久，苟日新、又日新、日日新，成仁取义的中华传统变革精神、牺牲精神、知其不可而为之的奉献精神；靠的是意识形态与文化软实力，当时武备、财产、国家机器硬实力基本上在帝国主义、封建主义、官僚资本主义、反动派手里。支持中共的苏联，有一点有限的硬实力。

传统经典的革命精神、大同精神与家国担当意识，有利于马克思主义在中国大得人心，有利于中国工人阶级与其知识分子，觉悟历史使命。

构建人类命运共同体的精神，强调中国传统、中国特色，推进全球化与改革开放的大趋势，吸收与消化人类的一切先进文化成果，是民族振兴的中国梦题中之义。我们的民族振兴包括了民族文化的振兴，而民族文化的自信与创新，是实现中国梦的一个根本性驱动力。

中国共产党人继承了优秀传统文化的浩然正气，继承了见贤思齐、见不贤而内自省的文化自省与文化自信精神。

儒家学说是中国优秀传统文化的重要部分。正是五四新文化运动、中国共产党的革命与社会主义建设实践，激活了、丰富了、充实了也创新了古老的传统儒学，取其精华，去其糟粕，开拓了儒学新格局。

中国儒学的仁政、王道、内圣外王、天人合一、为政以德、修齐治平、礼义正名、敬老尊贤、劝学重文、热爱和平的大方向，在全世界，尤其是在日本、韩国、新加坡、马来西亚、埃及等国与欧非美澳诸洲，都有积极的影响。儒学国际化，做好国际儒学，广泛汲取儒学与世界各国各地文化融汇互通的成果，是中国对外文化交流的一个佳话。

没有积累就没有传统，没有传统就没有文化，没有文化就没有凝聚力；没有爱国主义、中国特色，就没有主心骨，没有主心骨就没有自信与定力。所以，习近平总书记指出：文化自信，是更基础、更广泛、更深厚的自信。

中国的马克思主义者珍惜中国传统文化，弘扬与创造性地转变发展着新时代中国的传统文化的认知与革新致用。

我们现在推广践行社会主义核心价值观，是对世道人心的一种匡正和建设，而关心世道人心，正是儒家文化的精神走向。孔子说，"德之不修，学之不讲，闻义不能徙，不善不能改，是吾忧也"。孔子之忧也是两千五百年后的我们之忧。

改革开放以来，物质上已经有了全新的格局，文化素质的问题，世道人心的问题，精神资源的开拓与发掘问题，日益引起方方面面的注意。当年孔子在这方面的忧患意识，与今天的我们，仍然相通相继。

我们的传统文化是至今活着的文化，而绝对不仅仅是博物馆与古汉语典籍中的文化。强调传统文化，不是为了复古，而是为了当今的新发展。传统活在四书五经、四大奇书、诸子百家、诗词歌赋、京昆戏曲、秦砖汉瓦、文物遗迹之中，更活在人民的生活、人民的心思里。礼失求诸野，何况我们并没有失，我们的传统文化经历了革命时期疾风暴雨的考验洗礼，显示出大难不死的疾风后的劲草品格。不论有过什么样的严峻挑战，什么样的艰难周折，其实在我们中国人的心中，在我们的文化基因中，至今仍然有很大影响的许多东西，都离不开传统文化。人心中本来就有评判好坏、善恶、美丑的一杆秤。

例如戏曲中的忠孝节义，选拔干部中的以德为先，政治运动中对于风派投机分子的厌恶与否定，身教胜于言教的认知与衡量，对于清正廉明的官员与为政以德即政治文明的期盼……这些都是我们从历史、文化、生活中继承下来的。勇于革命、勇于改革、勇于开放、勇于汲取，古为今用，洋为中用，善于消化，这些既是古已有之的，又是五四运动、觉醒年代我们获得的新驱动所构成的文化选择。我们现在所要做的，正是唤起人心、探索人心、发掘人心、优化人心，并且与当代社会接轨，与新时代、高质量的发展接轨，与社会主义现代性接轨。

我们在建设中国特色社会主义的过程中，不能无视中国传统文化对我们一代又一代人的潜移默化、陶冶熏染，以及匡正价值观、凝聚中国大陆与中国港澳台、遏制与消除分裂恶变的巨大作用和巨大软实力。许多被全世界认同的中国传统观念，比如习近平同志提出的"协和万邦""亲仁善邻""好战必亡""和而不同""取长补短""兼收并蓄"，都很精彩很有说服力，都有助于形成与不断发展我们的久而弥新、生龙活虎、与时俱进、诚于中而形于外的脚踏实地的中华文化。

我们读书人也喜欢传统文化中关于道法自然、天人合一、仁者乐山、智者乐水、自强不息、厚德载物、以民为本、反求诸己、仁者爱人、忠恕诚信、居安思危、慎终追远、和而不同、周而不比的格言与美德教训，中国传统文化对于精英君子的期待与敦促，是一份无法估量的精神遗产。

勇敢开放地吸收一切先进有效的文化果实，坚定智慧地总结与提升从孔夫子到孙中山，尤其是出自中国共产党的改天换地的伟大实践的中华文化积淀，我们在习近平新时代中国特色社会主义思想旗帜下，文化强国建设的实践中，将越来越认识到、体会到，迅猛发展的我国，人心可用、世道可兴、传统可取、开拓可新。中国梦，我们的许多规划、目标、远景，正在指日可待地成为神州大地上的现实风景。

习近平总书记在给《文史哲》编辑部全体编辑人员的回信中指出："需要深入理解中华文明，从历史和现实、理论和实践相结合的角度深入阐释如何更好地坚持中国道路、弘扬中国精神、凝聚中国力量。"

希望我们的哲学社会科学事业能够得到更多的支持与关注，能够有新的创造与发展，能够有所传播与普及，产生新时代的经典成果、经典大师，促进通古今、贯中西、本土化、中国特色社会主义现代化的文化事业与文化建设。

国际儒学，任重道远。通古知今，以社会主义现代化成果优化对于传统儒学的解读与延伸，以全球化的视野与文化资源构建并站稳中华文化的实地，以传统儒学的精华联系实际，应对世界与文化的变局，推进社会主义、共产主义理想与中华文化传统的联系结合，推进一切先进文化、理论、管理、制度、科技、产品的汲取与消化，通过国际儒学的发展，通过中华文明的传播精进，与延续数千年的文明对话与互通、互知与互动、互敬与互学，中外文化交流将获得更上一层楼的发展。

（本文是作者在《国际儒学》首发式上的讲话。）

第一章 斯文济世,天下归仁

一、文化的追求在于光明与幸福

一种文化,一种文明,多有对于幸福与美好生活的追求。故而文化的价值在于它的有效性,即此种文化使得接受遵循了此种文化的个人、群体、民族、国家、社会能够提高自身的生活与精神质量,能够改善自身的生活条件与精神结构,能够有益于自身的物质与精神生产的发展。

当然也会有超越世俗的理念型、圣徒式的文化,献身与牺牲自我的文化。因为追求与获得幸福美好,是要付出代价的,是要经过艰苦卓绝的斗争的。这样的文化多半强调压缩与控制身体的欲望,勇于自我牺牲、自我奉献,把对于美好生活的梦想或寄托于利他的奉献,或寄托于未来的期许,如果是宗教,则寄托于来生彼岸。另外还有比较激越的文化,含有清除邪恶、好战、好斗、求胜的决心,乃至复仇、灭敌,直至嗜血、颠覆、"圣战"。前者的有所压制放弃,是为了精神纯洁与神圣化,是道义或宗教信仰完满的代价,或是为了死后进入另一个世界,获得无限幸福;后者的争斗颠覆,则是由于对现实秩序与文化主流的否定与绝望、仇恨与敌视；它们可能是被侮辱与被损害者的反抗，也会有极端、分裂与恐怖主义的变态。

但归根结底，文化的追求在于真理、光明、幸福、美好、正义、进步，是改善人的精神结构，优化人的精神能力。发展文化，追求的是"完美""天国"，或者"地上的天堂"，或者是发达的经济与人的物质精神需要的绝大的满足。部分地实现了"天堂"之梦，幸福之梦，即是有效的文化，向往着、幻梦着天堂而赢得了人民的心思、皈依与赞许的文化思潮，也是总体有效用、有凝聚力、有吸引力的文化。而只是给自身，更给他人带来苦难的文化，如用活人贡献陪葬的野蛮恶俗，摧残女性某些器官或肢体的劣俗，任意剥夺他人的生命，制造种族、民族、国家、宗教信仰之间的敌对残杀的血腥"文化"，则需要正视、匡正、遏制或者唾弃。我们尊重文化的多元性与不同的个别性、特色性，同时，我们并不是绝对的文化相对主义者。面对古今中外，我们永远是有所选择、有所拒绝、有所发展、有所创新的。

孔子说颜回是："惜乎！吾见其进也，未见其止也。"这也是夫子自道。尼采的说法则是："理想主义者是不可救药的，如果他被扔出了他的天堂，他会再制造出一个理想的地狱。"

颜回是孔子最喜爱的学生，这里，孔圣人说的是"惜乎"，"惜"是可惜，可爱，可怜，可痛；也是遗憾。这说明了孔夫子具有比颜回更成熟老到、更平衡的精神内涵，孔子知其进，也知其止；知其一，也知其二；知道追逐"天堂"，但不会像尼采笔下的人那样，去制造"理想的地狱"。尼采的说法相当刻薄刺激，但你读后仍然觉得悲剧感超越了喜剧感。尼采笔下的不可救药的理想主义，仍然可以成为诗人、艺术家、思想家、圣徒，只要不去当司令、董事长、CEO，就有可取可爱之处。

这里，我想谈谈以孔孟荀为代表的早期儒学，目的不在于历史，而在于当今，在于开拓、改进、充实、优化我们的中国特色社会主义文化的根脉与资源，目的在于沟通交流，切磋琢磨。己欲立而立人，己欲达而达人，见贤思齐，见不贤而内自省，以今天的对于中国优秀传统文化的继承弘扬、去助力构建人类命运共同体与人类文化的最大公约数，同时更好地学习、消化、汲取全球范围的先进文化。

二、儒学是亲和、恰到好处的此岸思潮

这就是说,有理想主义的文化,有宗教信仰式的、令人崇拜、令人寻根问底、终极关怀、升华入天堂、成神成佛成仙成真人成圣贤成超人的文化。有更加关注彼岸而不是此岸、关注来生而不是今生、关注奉献而不是获得、致力于苦行而不是快乐美满的文化,比如墨子的摩顶放踵,比如地藏王菩萨的宏誓大愿"众生度尽、方证菩提,地狱未空、誓不成佛"。还有更加强调战斗性、不相容性的激烈文化,有时被称作铁与火的文化。

与这些著名的文化思潮相比,孔子远远没有如此惊天动地、振聋发聩、强烈激越、高耸九天。相比之下,儒学的仁义道德、孝悌忠信、伦常秩序、立己立人、修齐治平、礼治德治、温良恭俭让、君子之风、不误农时、反求诸己……是多么平常、平淡、平和,乃至平庸啊。

与铁与火的文化相比,中国的儒家,乃至道家,更像是水的文化,《易经》的说法是"自强不息""厚德载物",孔子的说法是"逝者如斯夫,不舍昼夜",

老子的说法是"上善若水,水善利万物而不争"。

与儒学相比,老子显得更思辨、更哲学、更形而上、更深邃抽象直至神秘得多。老子的"为学日益,为道日损,损之又损,以至于无为,无为而无不为。取天下常以无事,及其有事,不足以取天下"已经够珍稀微妙的了,说到"将欲废之,必固兴之;将欲取之,必固与之……"甚至被朱熹称为"老子心最毒"。而老子的"天地不仁,以万物为刍狗;圣人不仁,以百姓为刍狗"就更令人眩晕,读之有被做灵魂出窍大手术感。这个话显示了老子的老到与超成熟、超级现实主义,与孔子的纯真,仁义道德的光明的理想主义成为对比。

幸亏老子还有一句话:"天道无亲,常与善人。"使常人稳了稳心思与血压,庶己暂时将灵魂按回娘胎里形成的俗人皮囊里。

基督呢,宣扬的是:"在祂(耶稣)踏上十字架的刑场前,祂向门徒呼召:'若有人服事我,就当跟从我。'""祂一再重复:'在这世上恨恶自己生命的,就要保守生命到永生。'"耶稣的说法中还有:"就当舍己,跟随我背起十字架。"《圣经》里的说法是:"一粒麦子不落在地里死掉了,仍旧是一粒;若是死了,就结出许多籽粒来。"意指失去生命是另一个更真实、更高层次的生命开始。用赴死的决心，不但承认向死而生的事实，而且干脆建立"向死"主义的理念与决心，力求实现独一无二的人生的意义，悚然惊心，力度极大。

巴金的第一部长篇小说《灭亡》卷首，赫然写着这粒麦子的赴死主义宣言。

而孔孟荀等儒家最狠的话无非是"知其不可而为之""朝闻道，夕死可矣""杀身成仁，舍生取义""士可杀不可辱""一言可以兴邦，一言可以丧邦"……比起前边引用的某些说法，中庸温暾，差远了。

原因之一在于儒学的此岸性。"六合之外，圣人存而不论"，语出庄子，然而同时是孔子的思路，这应该算是整个中华传统文化的基础认知之一：即文化的世俗性、现实性、非彼岸性、非简便一神崇拜性、非教门性、非教会性、非唯一教义排他仇他性。

存而不论，就是并不坚持现实世界的独一无二，不硬要无根据地去宣扬坚持现实世俗世界之外的彼岸、天国、地狱、极乐世界绝对存在，或绝对不存在，承认现实世界的人并不能解决另外一个世界的存不存在、伟大不伟大、幸福不幸福以及可能出现的任何问题。"季路问事鬼神，子曰：'未能事人，焉能事鬼？'曰：'敢问死。'曰：'未知生，焉知死？'"——季路向孔子请教应如何侍奉鬼神，孔子的回答是侍奉人还做不好呢，怎么可能去好好侍奉鬼神呢？又问关于死后的事情，孔子的回应是："活着的事情还不了然呢，又上哪儿去知道死后的事！"

存而不论的意思是先放在一边，先挂起来，无可奉告，暂缓讨论。

这就是说孔子致力于让人们活在当下，让人们活得更好，让个人、家庭、乡里、国族、天下更讲仁德，讲文明，行礼义，有秩序，既不是反宗教的无神论，更不是某种特定的却又是无法论证、无法显示、无法自足、同样无法证伪与排除的教义信徒。它不提倡不绝对搞"向死"主义与排他主义，它尽量做到合情合理，恰到好处，把握分寸，谦虚谨慎，雍容适度。

孔子的这点精神头儿，看似普通，细想想，是越想越宾服！

当然，"朝闻道，夕死可矣"也表明了一种超越生命的绝对价值观，表达了几近神学信仰的终极关怀。但是此种终极关怀依赖的不是神奇异兆、神仙附体、半神半人、奇迹惊世、怪异降生的传奇故事，而是中华古代精英们的概念推演与终极神性概念之塑造，即中华概念神的出现。其中最重要的概念是道，道是起源，道是归宿，道是本体、母体、原生态，道是法则、道是模式、道是正义、道是吉祥、道是人心、道是天理、道是政治、道是教化、道是命运、道是阴阳、天地人三才、天时地利人和、金木水火土、相生相克、一生二、二生三、三生万物，道是"天行健——自强不息"与"地势坤——厚德载物"。道是无所不是，包括修齐治平，包括自然，也包括小草砖瓦屎尿。

三、读《论语》如坐春风

孔子成为儒学的代表，成为中华传统文化的代表。对孔子一直有不同的说法。

《论语》的开头是"学而时习之，不亦说乎？有朋自远方来，不亦乐乎？人不知而不愠，不亦君子乎？"亲和惬意，如坐春风，循循善诱，明白通畅，从容不迫，由浅入深，良师益友，温暖吉祥，富有生活气息。

这与《道德经》的开端："道可道，非常道。名可名，非常名。无名，天地之始。有名，万物之母。故常无欲，以观其妙。常有欲，以观其徼。此两者，同出而异名，同谓之玄。玄而又玄，众妙之门。"风格角度大不相同。《道德经》的特点是终极高悬，高、大、上、深、奇（与俗人的看法针锋相对）、逆（反心理），古今中外，别开生面。

《论语》的特点是由近及远，由低向高，由家常说到天下，这是常理、常态、常心、常性的最优化体悟、解释、发挥、扩展。

《孟子》的开端立即进入了义利之辩，正气浩然，界限分明，决不含糊。"孟子见梁惠王。王曰：'叟！不远千里而来，亦将有以利吾国乎？'孟子对曰：'王！何必曰利？亦有仁义而已矣。'王曰：'何以利吾国？'大夫曰：'何以利吾家？'士庶人曰：'何以利吾身？'上下交征利，而国危矣。"

孟子对于"义"的强调以今天的话来说，就是坚持原则，不能妥协。上下都在那儿争利，那就是"右倾机会主义""用原则做交易"。有道是孟子是儒家的强硬派。《孟子》一书的这个破题给人的感觉是比孔子更牛、正、大气。

但孟子解释孔子在鲁国的辞官，说明孔子请辞的原因在于孔子认识到在鲁并不能实现自己的政治理念，但又不愿将自己与鲁君的政治理念分歧公开化、扩大化，乃借口祭祀用肉之不合规格，祭祀用冠未及摘下就大喊大叫，辞官而去。孔子宁愿承担批评自身失之急躁的舆论，这说明孔子做事讲策略、讲分寸的一面。孟子也有他讲究含蓄与注意缓和君权与国士矛盾的这一面。

孟子名言："资之深，则左右逢其原（源）。"现在"左右逢源"多被作为贬义理解，似乎是说一个狡诈之人两面讨好。其实，孟子说的是学问智慧深厚了，就有自我调整适应、无往不胜的能力。孟子其实仍然是既讲原则性，又讲灵活性的。

儒家与《庄子》开端的"北冥有鱼，其名为鲲。鲲之大，不知其几千里也；化而为鸟，其名为鹏。鹏之背，不知其几千里也；怒而飞，其翼若垂天之云"。更不一样。庄子的思路如诗如梦如神话如思维，想象中之腾飞怒飞遮天蔽日，它更文学更夸张更奇异更超越。他要比孔子动人得多，才华横溢得多，神异惊人得多。而孔子在《论语》中注意的是人生，是现实，是生活，是你我他，是起居行事、待人接物、心身家国、立与未立、惑与不惑、知与不知、乐与不乐。与庄子相比，孔子是不是显得太老实了？太拘谨了？太世俗了呢？文人墨客，为读书而读书，当然读庄痛快过瘾。

比较起来，《荀子》的开头，倒是向《论语》靠拢:"君子曰:学不可以已。青,取之于蓝而青于蓝;冰,水为之而寒于水。"从劝学说起,并且一张口就列出了两个极生动的、趣味盎然的比喻。荀子的雄辩、修辞、文采、力度强于《论语》,但《论语》的简约、精粹、平实、隽永、原生、贴近与恰到好处,无与伦比。

老庄以其奇见其特色,孟子以其正大见其特色,孔子的《论语》以其常,见其特色。

四、为什么黑格尔理解不了孔子

无怪乎黑格尔读了论语表示失望,他隔行如隔山地抱怨:孔子只讲了些常识性的东西,还说孔缺少抽象思辨的能力。很简单,黑格尔是大学者,大专家;孔子则强调自己不是专家,说自己种庄稼不如老农,种瓜菜不如老圃,他说:"吾何执?执御乎?执射乎?吾执御矣。"就是说他的专业技术有限,射箭和赶车还好,比较起二者来,他的赶车技术更好一些。我有什么特长呢？可以说是赶车吧。而他的名言"君子不器"，是不主张国之精英们包括他个人，把自己的学问精力过于专门化、狭隘化、器具技术化的。

孔子追求的目标，全然不是黑格尔式的学者专家，而是中华文化中的圣贤。圣贤是帝王之师，士大夫之师，全民之师。孔子周游列国，广收弟子，要的是在礼崩乐坏、弑君弑父、生灵涂炭、全无义战的东周时期，挽狂澜于既倒，回到古圣先王、文武周公的"内圣外王""郁郁乎文哉"的德治礼治时代，以王道代替霸道，从教化美德入手，推行君子亲民之道，缔造礼义之邦，实现修齐治平，与民同乐，天下太平，无为而治。无为而治，老子讲得极致，而孔子也视无为而治为理想，他称颂："无为而治者，其舜也与？夫何为哉？恭己正南面而已矣。"这里的大舜的精兵简政，已经简化到有一把皇帝的龙椅，端端正正坐下就齐活了的程度。这甚至令人联想到马克思、恩格斯对于国家的消亡的设想：何需国家政府，有一些经济方面的统计员照顾一下社会生产规划，足矣。

与黑格尔相反，伏尔泰作为启蒙主义者，盛赞孔子的伟大，仅仅从"己所不欲，勿施于人"的黄金律中，他赞扬孔子能够把极其复杂的人间行事的考量总结为简明透辟的一句话，全不用搬出圣母上帝《圣经》，而道理颠扑不破，以理服人。伏尔泰能理解的东方圣人，恰恰是大学问家黑格尔所理解不了的。伏尔泰是启蒙主义者，他是启蒙主义的导师与领袖。儒学，是经世致用、融通亲民的学派，是知行合一的学派，是入世入仕，毫不掩饰地声称"沽之哉，沽之哉"的圣人，是积极行动，参与治国平天下的操作的学派。子贡曰："有美玉于斯，韫椟而藏诸？求善贾而沽诸？"子曰："沽之哉，沽之哉！我待贾者也。"这是很有意思的对话，子贡问，"像您老这样的美玉，是好好地藏在匣子中保护起来好呢，还是卖给一个懂得货物价值的商人好呢？"孔子连忙说："要卖的，要卖的，我等待着真正懂得美玉价值的商贾呢！"接连两句"沽之哉"，急迫之情绝不掩饰，求官求仕，是为了实现理念，担当家国天下，没有丝毫读书人的自命清高、以隐求名的姿态，孔子也是胸底无私天地宽，大大方方，全无蝇营狗苟的后代官儿迷的低级趣味人员的卑贱虚伪丑态。

五、孔子的头衔与儒学的命运

中华文化传统的形成离不开孔子，离不开儒学，离不开与儒学共生互争互补的先秦诸子百家，以及数千年来没有停止过的对于儒学的时有陈陈相因、时有闪光推进的解读与论争。优于斯，劣于斯，疑于斯，习于斯，怒于斯，安于斯，争于斯，来来去去，常常仍是欣欣于斯，凝聚于斯。

想想孔子的称号头衔吧，这本身就是纵贯两千余年的文化史：

西汉时期，"褒成宣尼公"。

北魏时期，称孔子为"文圣尼父"。

北周时追封孔子为"邹国公"。隋文帝称孔子为"先师尼父"。

唐代太宗尊孔子为"先圣"，贞观十一年改称孔子为"宣父"。高宗李治赠孔子为"太师"。武则天封孔子为"隆道公"。玄宗李隆基封孔子为"文宣王"。

宋代加称孔子为"玄圣文宣王"，后又改称"至圣文宣王"。"玄圣"是指有治天之德而不居其位的人。

元代加称孔子为"大成至圣文宣王"。

明嘉靖尊孔子为"至圣先师"。

清顺治加尊孔子为"大成至圣文宣先师",后又改称"至圣先师"。

国内国外,还有许多文庙(孔庙、夫子庙),曲阜、北京、吉林、天津、蓟县、平遥、正定、定州、济南、苏州、福州、宁远、哈尔滨、衢州、郑州、赣州、德庆、资中、德阳、上海、杭州、重庆、榆次、保山等许多地都有祭孔尊孔的庙宇,有的干脆称为孔教。当然,即使视为宗教,也是中国特色的、独有的、与其他宗教完全不同的"宗教"。

日本、韩国,尤其是越南,都有不止一处孔庙或称文庙。

孔子年代,天下大乱,中央政权式微,五霸之类诸侯国家纵横捭阖、血腥争斗、计谋策略、阴阳虚实、会盟火并,眼花缭乱。各侯国权力系统、思想战线,围绕着争权夺利打转。失范状态造成了民不聊生的痛苦,但也造成了群雄并起与百家争鸣的政治、军事、思想、文化,竞相争奇、碰撞火花的无比兴盛。

孔子的学说被接受、被称颂、被抬爱、被钦定,是不容易的,孔子生前,东奔西跑,多有碰壁,自嘲此生如丧家之犬。

国家不幸百家幸,国家多难,英雄辈出,自古已然。

孔子生活在这个争斗时期，他宣扬的不是自己主张的必胜性、强力性、面貌一新性、卒成大业平天下性，而是斯文性、君子性、尊古性。

司马迁的父亲司马谈说的是，"儒者博而寡要，劳而少功，是以其事难尽从；然其序君臣父子之礼，列夫妇长幼之别，不可易也"（《太史公自序》）。司马谈的评论简而言之，说的是当时的诸侯多元权力系统，急的是强化自身，统一中国，儒家道德仁义孝悌礼智信知勇恭宽惠敏温良恭俭让和穆中庸尧舜禹汤文武周公……啰哩啰唆一大套，没有哪个君王公卿有耐心去条条照办。他们最多只能算是伦理学家，君臣父子、夫妇长幼，把规矩立下了，也算有些意义。

与孔子同时，已有"楚狂人接舆""凤歌笑孔丘"。此狂人的意思是"往者不可谏，来者犹可追"，嘲笑孔子的一心求古。

以秦始皇为代表的封建权力系统，则痛恨儒生们的空谈误事、好古非今、自以为是、妨碍了他的泰山封禅大典，尤其是儒生们抨击他的将封建制改为郡县制的长治久安大计。秦始皇干脆闹了个"焚书坑儒"。"坑灰未冷山东乱，刘项原来不读书。"（唐·章碣诗《焚书坑》）骂名至今，有不同说法，难以翻案。

兹后，李白写过《嘲鲁儒》，说是"鲁叟谈五经，白发死章句。问以经济策，茫如坠烟雾"。而唯美的李贺也有"寻章摘句老雕虫，晓月当帘挂玉弓。不见年年辽海上，文章何处哭秋风"句。天才的诗人们早就反感于全不中用的死读经书、脱离实际、名词字眼、空洞概念、本本主义。

但西汉以降，中国的权力系统还是最终地、坚决地选择了孔孟之道，这本身就是意味深长的。选择儒道，就是选择道义与文明，选择善性与礼义教化，选择圣贤君子的形象，选择与强调仁爱礼法的文化软实力。即使不可能不重视、不使用硬实力、强力暴力，也必须在全社会宣扬仁政、王道、亲民、教化、礼义，"为政以德，譬如北辰，居其所而众星共（拱）之。"

我们还可以逆向思维一下，如果不选儒家而是选择法家呢？司马谈说会使朝廷"严而少恩"（《论六家要旨》），也就是会杀杀杀地恶化朝廷政风乃至社会氛围。"法"的手段不可能不用，但是宣传教育，是必须另有侧重的。

治国或有外松内紧之道，但外紧内松，恐怕是亡国之法。

选择道家高明则极高明矣，除了超级大智慧者外，庸夫俗子们要也都无为不争起来，这个朝廷只会软懒散喽。

选择"墨者，俭而难遵，是以其事不可遍循"（司马谈《论六家要旨》），墨家以道义苦行堵塞了发展生产力的硬道理，它在精神追求上有它的魅力，但不可能成为权力当局的浪漫选择。苦行僧治国，似无成例。

1840年的鸦片战争，使国家民族、软硬实力，尤其是儒家文化受到生死存亡的挑战与冲击，1919年的五四新文化运动使儒家受到了狂风暴雨式的强烈的反思与批判，打倒孔家店的口号响彻一时，虽然可以巧为缓颊，说什么要打倒的是孔家店，即旧时代靠讲解注释儒家经典混饭吃的、昏庸浅陋的、不入流的读书人，而不是要打倒孔夫子，但这个口号毕竟把孔子从半圣半神坛上拉了下来。而早有的谚语所讲的"满口的仁义道德，一肚子男盗女娼"，与鲁迅的描写"每一页上都写着'仁义道德'……仔细看了半夜……满本都写着两个字'吃人'"（鲁迅《狂人日记》）有相当大的杀伤力与颠覆性。同时，沉痛的反思也推动了中国的社会革命包括文化革新，欢呼引进了以马克思主义为引领的世界先进文化，与中国的现实与文化传统相结合，反思、质询、动荡、狂风暴雨般地洗礼了中华传统文化，也激活、考验、实行创造性地转变与创新性地发展于中华文化传统，继承、弘扬也更新着包括儒学道统、文统、学统。

不能由于古代儒家文化的行时就忽略了中国的农民起义文化、造反有理文化、"王侯将相，宁有种乎"文化，尤其是老子的天道文化。老子的说法是："天之道，其犹张弓欤？高者抑之，下者举之。有余者损之，不足者补之。天之道，损有余而补不足。人之道，则不然，损不足以奉有余。"就是说，天道如拉弓，讲的是平衡公道、抑强扶弱、压高就低，而人间通常出现的规律常常是强者、高大上者对弱势群体的压迫剥削、损害掠夺。老子的这个理义够得上二十世纪初的俄国社会革命党了。所以中国的农民起义永远要高举"替天行道"大旗，要杀富富贫、开仓放粮、翻身道情，"敢教日月换新天"，这正是天之道啊！

六、孔子思路的渐进性与平易性

孔子的亲和与易接受性、可操作性不仅在于一起始就"学而时习之"与"有朋自远方来"，更在于他的全部渐进思路：从小到大，从低微到高大，从日常平凡到美德堆积成了高山。

紧接着"不亦说乎""不亦乐乎""不亦君子乎",《论语·学而》上讲的是:"有子曰:'其为人也孝悌,而好犯上者,鲜矣;不好犯上而好作乱者,未之有也。君子务本,本立而道生。孝悌也者,其为仁之本欤?'"

在家庭里,爱恋孝敬父母,亲爱而顺从照料兄弟姐妹,这不是什么了不起的、需要刻苦努力去做到的事情。但是孔子简单地推论道:在家能够孝敬父母,到社会上就会遵从长辈上级长官领导;在家能够顺从照料兄弟姐妹,到社会上也就能谦虚友善合乎礼法地对待同事同仁同学友邻。那么这样的人,就不会是破坏社会秩序的消极因素,不会犯上,不犯上也就不会作乱,不作乱也就不生乱生变,也就能够天下太平,安居乐业,父慈子孝,君明臣忠,互敬互助,和穆稳定。

从《论语》到《孝经》到《三字经》,讲到了孝的方方面面,孝就是"无违",也就是老百姓口中说的"顺者为孝""身体发肤,受之父母,不敢毁伤,孝之始也",这些说法都有其美好深情的一面,这些说法中还含有一种小心谨慎、珍惜保护的风习。当然如"父母在,不远游""出必告,反必面",在地球变小的时代已经不合时宜。

《论语》中谈孝关于"色难"的说法很有趣。孔子认为仅仅赡养老人是不够的，一匹马，一条狗，你也可以养活得好好的嘛。他非常重视对于父母的容色即脸色，恭敬喜爱，必须诚于中而形于外，不能对于双亲有厌倦、冷淡、为难。现代尤其是子女在父母面前夸张地表现自己是多么匆匆忙忙、日理万机、等候告辞的神色。

儒学最关心的是如何做人，里里外外，不可失礼，不可失德，不可大意，不可放肆。《荀子》中讲到人的举止容貌的篇幅更多，不只在家面对高堂，在朝廷，在各种不同场合，也都有规矩。而《论语》在独处闲居——有的地方叫作燕居时的举止神色，也要发挥。儒家是将修齐治平、政治文明、家庭生活、社会文明、乡里街巷、师徒朋友、个人闲居的各方面都有所掂量，有所讲究，有所忠告劝谕的。孔孟荀朱（熹）王（阳明）等代表人物，确实可敬可爱。

《论语》并指出，孝悌是仁德的根本。这不得了。因为孔子将仁视为价值核心的核心。仁者爱人，人们的忠君亲民爱民仁政王道，都出自仁心，古圣先王之既是权力的顶峰又是道德的典范，是圣人，是大成至圣，都是由于这个仁字。老百姓，好不好，也要看这个仁字。功业极伟大的管仲等名臣，虽然孔子也赞扬他们，却同时指出他们还不够仁。而与天道可以写等号的仁德，来自最初始的天真无瑕的孝悌之心之情之性，来自从婴儿时代就自然而然地流露、涌现、培养出来的孝悌。这是一个多么美好质朴亲切的说法哟。

孝悌是哪儿来的呢？是天生的，是天性，天命，是先验的又是生活经验所带来的。孝悌与生命同在，与生活同在，无生命生活则无孝悌，孝悌是人文。但孝悌的初始与其说是人文人为教育塑造出来的不如说是天生的。襁褓婴儿，一切靠父母兄长，当然爱恋父母兄长。父母兄长与婴儿的互爱深情，与生命一道来自于苍天、大自然、永远的存在，同时又可以理解为是天道、天理、天性。天性就是人性。仁德是天生性情的发展成长与升华，出自婴儿，完成于圣贤祖先。这才是最主要的天人合一。天人合一，或者加上地，天地人三才的合一与互补互促互生互文互正，解决了中国人的宗教与世俗、人文与自然、人文与上帝神灵宗教、自然与上帝神灵宗教、物与心、善与恶、理性与感性、后天与先天的一系列关系问题。虽然有些大而化之、混沌浑一、齐不齐一把泥（建筑工人的俚语），但确实带来可喜的思路。"天命之谓性，率性之谓道，修道之谓教"（《中庸》）。天是自然，天是物质世界的高端符号。天是超然，天是圣灵，天是上苍、上帝、老天爷。人性是美德的根基，人性是天的伟大公正主体性的证明。"天何言哉？四时行焉，百物生焉，天何言哉？"（《论语》）天道生出了人文。人事，美德教化是天道天理的下载、显示与作用。无天何来人？无人谁识天敬天证天？无文化无美德无圣贤何来对于从孝悌到仁德天道的体悟发现崇拜论证发展？

从孝悌一跃而成为核心仁德，有难免的简单化，它不能完整地符合逻辑推论的法则，更经不住实证的检验。大汉奸周佛海曾有孝名，香港绑匪张子强也被人说成大孝子。贪污犯中这样的人更多。

从用心来说，儒学的孝悌说有它的美好与善良用心，老吾老以及人之老，幼吾幼以及人之幼，在家孝父母悌兄弟，到社会上敬爱顺从照顾一切需要敬爱与顺从之人。这确有利于秩序与稳定。在社会矛盾、阶级矛盾、民族矛盾、国家矛盾空前激化，革命之火熊熊燃烧的时候，当然，不犯上啊，不作乱啊，温良恭俭让啊，都会被认为不合时宜，这也不足为奇，革命成功以后必然会有维稳与和为贵的思考。多数情况下，一般常态下，孝悌是美好的，仁德是宝贵的，孝悌有利于发展培育成仁德，稳定有利于发展，这也都是讲得通的。

将小小一家亲属之间的孝悌习性视为仁德的基本

基础，倒也不完全是孔子们求简易求方便显示天真纯洁，还由于中国长久地以家庭为经济生活、财政结算、民政安排（包括联姻、添丁、减员、分家等）的基本单位。域外一些地方并非如此。在中国，包产到户可以迅速地推动农业生产，而俄罗斯农村，更强大的却是农奴制与集体农庄制的传统，加上他们相对地广人稀，粗放耕作，包产到户一开始可能造成农业同劳动力的软懒散。这是一位在香港的俄罗斯学家给我讲的道理。

儒学对于人生的一头是珍惜从婴儿时期就已萌生的孝悌善良，另一头是重视丧葬祭祖的悲情恭敬。他们批驳墨子的简化殡葬的主张，强调殡葬活动中体现的感恩敬老、经验珍惜、祖先崇拜、长上权威、恭谨持重，也表现了"死生亦大矣"的对于生命的尊严的敬畏态度。他们强调丧葬应该充分表现悲情，表现孝子遭遇亲丧的痛苦，即是肯定人性人情，也是表达对人生与伦理的郑重认真的态度。父母丧事要悲痛，君王驾崩更要十倍地悲痛，个中充满了凝聚力与忠孝之心。尤其是荀子，他指出，对于君子来说，丧葬与祭祖，是一种礼仪，是一种感恩敬老的文化文明，而对于粗人俗人来说，必然会加上神神鬼鬼的迷信妄说，这也不足为奇。在生死天人此岸彼岸的不无神秘感恐惧感悲戚感的话题上，荀子讲得如此清醒淡定包容明晰，至今令人佩服。

七、修齐治平的简易性与完整性

除了对于孝悌，对于敬祖宗的讲究，也许更重要的是修齐治平的人伦道德延伸扩张为治国平天下的政治法则的宏大逻辑，一个是从大到小："古之欲明明德于天下者，先治其国；欲治其国者，先齐其家；欲齐其家者，先修其身；欲修其身者，先正其心；欲正其心者，先诚其意；欲诚其意者，先致其知。致知在格物。"

一个是从小到大："物格而后知至，知至而后意诚，意诚而后心正，心正而后身修，身修而后家齐，家齐而后国治，国治而后天下平。"

两段名言出自《礼记·大学》，后世人们不太注意格物致知诚意正心，而将其后四点修身齐家治国平天下简称为"修齐治平"，视之为中国的伦理哲学政治理论的纲要概括。它的逻辑也很简明，有说服力与执行性操作性。修身里包括了格物——认识世界，致知——求得真知，诚意——意向精诚，正心——主体公正，更包括了自身的从善从德从礼从义，祛恶祛非祛私制怒，无一刻生嫉妒、无一刻忘仁德、无一刻生邪念，无一刻被私欲诱惑。如临深渊，如履薄冰。

这样，你就成了圣人、贤人、国士、大丈夫、君子、精英，总之是大好人。你是大好人，你必然对家国朝廷发生正面的教化作用，产生利身利民利家利国的影响，治家有方，家属也都是正人君子，至少是善良百姓；人人大好，家家善良，个个礼义，户户忠信，那么由这样的精英人才组成的国家也就是道德模范、君明臣忠、父慈子孝、兄弟亲和、朋友仗义、正气浩荡、团结友爱，软实力超强，硬实力也因得民心而众人一心，黄土成金，所向无敌，无往不胜。

美国汉学家费正清曾经指出格致诚正修齐治平逻辑的不足，但这种逻辑不仅中国有，奥巴马的竞选辞讲"一个声音可以改变一家，能改变一家就能改变一城，能改变一城就能改变一州，能改变一州就能改变一国。能改变一国就能改变世界，让我们去改变世界吧"。也是这种动员煽情式的文体与逻辑。

清代戏剧家李渔作品《风筝误·闺閧》中说："不

会齐家会做官，只因情法有严宽。"他指出做官要的是合法守法。齐家要的是合情合度，二者有相通处，也有相异处，官司做得好的人不见得家庭就和穆端正。康有为《大同书》戊部第一章中更说是："夫强异类者以同居，以此而曰言齐家，岂非怪谬！"他根本不承认包括了强类异类危险分子的国家，能够以治家的亲爱多情方式实现邦国有道，天下太平。修齐治平的不严密不足恃，固不待越洋大学问家之指出也。

但是这样的思路也大有益处：

第一，改变世界多是有志青年的理想，但做得到改变世界如文武周公、华盛顿、林肯、牛顿、爱迪生、毛泽东的人士太少了，改变世界从哪里入手问题，也不容易解答。从修身入手，反求诸己，确实是一个出彩的答案。君子求诸己，小人求诸人，这个人情世故的发现，这种堪称世事洞明的总结，确实是孔子的重要致知。越是卑微低劣小人，越是磨磨唧唧，嘀嘀咕咕，怨天尤人一肚子冤屈。而堂堂正正的大格局人物，海纳百川，有容乃大，壁高千仞，无欲则刚，遇事遇难遇险遇愁，他们首先要求改进更新调整适应的是自身。所以他们永远有事可做，他们永远不会成为"多余的人"。

第二，从自我修身做起，没有谁能推脱甩手。《论语》引用诗句:"棠棣之华,偏其反而。岂不尔思?室斯远而。"而孔子的批语是:"未之思也,夫何远之有?"说是有诗歌曰:"一种花朵随风摇曳,极其美丽,我如何能不思念它呢?只是它离我太远了。"孔子评论说,"美德如花,你压根就没有想念它嘛,如果你想念了它,也就亲近了它,明明距你极其亲近,谁能说它离你很远呢?"

这应该是古代的一首情歌,而伟大的仲尼,宁愿自作主张,致力于诗意的提升与绝优化,借题发挥,将之解释为不是对于少女而是对于仁德的思恋。孔子显然主张事事处处时时提升格局,提升境界,提升品格,将想念的对象定义为美德操守修齐治平的功夫功底,从而形成了中国诗作中"香草美人"成为忠贞爱国形象比喻的独特诗学。孔子同时说明,为仁很容易,"我欲仁,斯仁至矣"。仁在自家胸臆,仁不仁只决定于自己,仁是动机,动机决定行事,你永远要对自己的选择负责,选择是最大的责任与自主。这是劝善劝仁劝积德的不争之论。

孔子说,只要你选择了仁德,仁德就永远不会与你距离遥远,而如果你缺乏仁德,不是由于仁德的遥远,而是由于你的不仁、不思仁,责任全在于你自身。

孟子说得更绝,他对齐宣王说,宣王所以尚未成为实行王道的王者,是"不为也,非不能也",因为仁政王道的实行与"为长者折枝"即为长者服务或向长者致敬一样容易,而不是像"挟泰山以超北海"那样艰巨。孟子说得决绝简明,但远不如孔子的"棠棣之华"诗论美好动人。

这是孔孟之道,也与法国哲学家存在主义的让·保罗·萨特的关于选择的学说相通,萨特的说法是:自由意味着选择,选择意味着责任,人们为了逃避责任而放弃做出选择,也就"失去"了自由。

我国传统文化中也有关于选择的绝妙故事。如《荀子·王霸》里讲的:"杨朱哭衢涂,曰:'此夫过举跬步而觉跌千里者夫!'哀哭之。"衢是十字路口,"衢涂"的意思就是歧路、岔路。杨朱见到歧路哭起来了,"为其可以南,可以北",因为东西南北你不知道走哪边好,一步走得不对,千步万步就造成了大错。杨朱面对这样的选择关头,深感自由选择带来的责任如山,深感一失步成千古恨的恐惧压力,以至《列子》中也讲了类似故事,变成了因歧路而跑丢了羊。羊的主人解释自己为什么放弃了找羊,说是"歧路之中又有歧焉,吾不知所之,所以反也"。后来出现了"歧路亡羊"成语。

杨朱当时有极大的影响,孟子说是"杨朱墨翟之言盈天下,天下之言,不归于杨,即归墨",原来杨朱大V占据过斯时学界舆论界的半壁江山,遇到选择吓得哭了起来。

后来出现了王维将阮籍因途穷而哭的故事误定性为路歧而哭的典故。文化、思想之沿革与比较,既有惶恐的道义责任与严肃谨慎的学术规范,还确有风雅错讹趣味教益俱全的传说故事,如此之可爱!

乃至于当代,我们也有过对于"站队"站得不对的选择的批评与责难,不可掉以轻心,不可粗心大意。

第三,修齐治平论形成了一种重视气势、重视高屋建瓴、势如破竹的文风论风。从读文章来说,从王阳明青年时代的七天七夜"格"——观察与钻研竹子式的可得利益损失致知,能一下子发展到治国平天下,虽然鼓舞人心,但并不大符合逻辑与实践的规律。后来,宋明理学,更注意的是心性,是"知止而后有定,定而后能静,静而后能安,安而后能虑,虑而后能得"(《礼记·大学》)。王阳明等大儒,对于自己的思想活动、心理动态、喜怒哀乐、将发未发、倾向趋势,体会深刻,议论精致,内省修养,都达到了极致。

第四,修齐治平的论述,形成了中华传统的、特殊的对于知行关系的理解。一个是王阳明的知行合一说,即心性之知必然要求实行之体现,知主要是指良知，天命即心性即良知即行动，当然，这里指的知主要不是知识性专业性的知，而是孝悌忠信、礼义廉耻的道义性天良的自觉。

孙中山作为革命家，则干脆提倡知难行易，他认为旧民主主义之成败在于思想认识，这也很有价值。

毛泽东则将中华传统文化中对于知与行的理解与辩证唯物主义的实践论统一起来，提出了马克思主义的中国本土化的知行观，强调了认识的阶级性与实践性，提出了认识（知）依赖于行（实践），与认识要为实践服务的重要观点。

第五，修齐治平之论，客观上形成了历史上对于封建君权的道德文化监督。权力需要的是合道性，"邦有道则知（智）"，本地君王的统治有章法合天道，士人秒可以贡献智慧，助力治理；"邦无道则愚"，本地诸侯是无道昏聩者，只能以愚笨无能的姿态品性保身保命。荀子则干脆指出，像桀纣之类的暴虐者，根本不算天子，根本不能算是拥有过天下，他们是民之怨贼，而汤武是民之父母。没有下过修身功夫，取得诚意、正心、止、定、静、安、虑、得的全套内功成果的帝王，即使当权当朝了一个时期，仍然不合道，不合理，不算数，名不正而言不顺，到了，仍然难逃覆亡夭折的命运。

荀子的另一名言是"君者，舟也；庶人者，水也。水则载舟，水则覆舟"。这同样决定于君王的修身状况，是真修，还是假修、不修；是天良良知良能性善，还是邪恶暴虐。诸葛亮的说法则是"亲贤臣，远小人，此先汉所以兴隆也；亲小人，远贤臣，此后汉所以倾颓也"。都是帝王个人德行品质决定论，德行品质从哪里来呢？靠的是修身，是教化，是学习，某种意义上，儒家认为皇帝皇家皇室，也要是学习型的皇帝皇家皇室。还要注意周边环境贤臣或是小人的熏染影响。

修齐治平论的影响方方面面，还包括了对于守礼、尽孝、劝学、待人、接物、用舍、进退、养生、养气、遇合、交友等的说法与认识。这里就不一一细讲了。

八、孔子的使命感、天命论

孔子、老子，都是逆潮流而动，意欲挽狂澜于既倒。"文王既没，文不在兹乎？天之将丧斯文也，后死者不得与于斯文也；天之未丧斯文也，匡人其如予何？"孔子在匡地遇到危难，他相信只要上苍无意灭绝斯文，只要上苍还要延续文脉，就不会让他罹难：他是斯文的救主，他是斯文的最后几近唯一的火种，他活着的使命在于延续与重建斯文，从而"兴灭国，继绝世，举逸民"，从而"为天地立心，为生民立命，为往圣继绝学，为万世开太平"（宋·张载《横渠语录》）。讲到这样的使命，提倡温良恭俭让的孔子还真有点"匹夫而为百世师，一言而为天下法"（苏轼《潮州韩文公庙碑》）、扭转乾坤、当仁不让、悲情义心、天命在我的担当、奋勇、决绝、献身精神。极而言之，"朝闻道，夕死可也"，因为东周相争的各种权力系统、政治势力、学说流派当中，大道天道、仁德义理、文明礼法的讲究，都太少太缺太不够用了，有的是争利，是阴谋，是残暴，是低俗的蝇营狗苟，是夸张片面的巧言令色，缺的是道义核心价值，叫作："鲜矣哉，仁！"

孔子认为能够带来幸福与光明的只有道德文化。他的说法是"为政以德，譬如北辰（北极星），居其所而众星共（拱）之"，政治的道德化就使君王处于星系的北辰地位，稳居正北，众星围绕着它转。

现代人运用当今的天文学知识，可以轻易地否定北辰的被围绕旋转说，但这里说的是先民先圣对于天文星系的感觉，面对北极星的感觉是可以伟大一番的，天象的比拟是可以伟大一把的，中华先哲对于天象的观察不是研究天，而是在借题发挥，发表政见，摸索规律，资政育人，教化天下。天象判断上的幼稚，却与人事分析上的一定的深刻性结合起来了。

孔子又讲："道（导）之以政，齐之以刑，民免而无耻。道（导）之以德，齐之以礼，有耻且格。"就是说，以行政——古代叫"为政"手段引领，以刑罚执法手段规范，能避免部分犯罪，但百姓没有尊严。以道德弘扬引领，以礼敬手段规范，百姓会有尊严，而且有相当高度的品质规格。我们不妨称之为儒学的文化立国论，软实力立国论。

可能因为当时人口问题尚未过分地困扰先人，痛苦不在于生产力满足不了人民温饱的需要，而在于人间血腥丑陋阴险危殆的纷争，在于天下大乱，在于礼崩乐坏，在于贪欲膨胀，在于觚不觚：名实相悖、观念混乱、是非不分、秩序与好传统荡然无存。

孔子强调关键在于人心，人间的事情，心决定物，人心大治，自然物阜民丰，温饱无虞。孔子说："德之不修，学之不讲，闻义不能徙，不善不能改，是吾忧也。"他忧的是这个。不幸的是，或者说可巧的是，这话好像是在说两千数百年后的今天。即使富裕程度有了明显的良性发展，我们仍然要时时注意世道人心、社会风气、干部作风、廉政建设、纪检监察。

就是说，孔子认为天下大乱的状态属于世道，世道凶险则是起因于人心，心性随社会发展，尤其是随着中国的某种程度的奴隶制社会进展为中国特色的封建社会，生产力有所发展，结果是人心与社会风气随之而复杂化、腐恶化、有所怀疑与否定化，失范失衡化与歧义化：贪欲、乖戾、怨毒、争夺、暴力、嗜杀、阴谋、诡计、不仁义、不忠不孝……正在毒化天下的生活与身心。扭转局势、解决这些问题的抓手是文化：权力系统要懂得从民人的心灵深处挖掘美好善良，将之提升，要依靠人性自有的美好本能，从孝悌亲情入手，推己及人，及于恕道，用仁心统率与提升孝悌、忠恕、礼义、廉耻、诚信、宽厚、勤俭、谦让、恭敬、惠民、利他、好学、敏求、淡定、一贯、仁者不忧、智者不惑、勇者不惧……从而取得认同，取得道义优势，占领仁德高地，缘人性民心坐稳天下；而后乃教化天下，首先是教化君子，教化权力系统自身，直至教化君王。权力系统的君王、大臣们接受了孔子的学说，则会因掌权而痛感仁德的重要性，因认识到仁德的重要而受到教化，而成为全民的道德榜样，从而取得统治的合法性（其实主要是合道性）与说服力。

权力系统接受不了儒学的说教，一般口头上也不公然与仁义道德唱反调。当然也会发生各种形式的"朋党之争"，发生改朝换代的种种事件，仍然给儒学留下了置评置喙自诩自重的余地。中国自古有言官，有所谓言官、谏官、士大夫、清客之说，有他们的一些清谈直至死谏。

孔子认为权力的根基在于仁德，仁德的来源在于天地的榜样与启示。"天行健，君子以自强不息""地势坤，君子以厚德载物"。权力首先不是如林彪所说的"镇压之权"，而是教化之权，示范之力；克服不端，心服口服，优化心性。

如此这般，孔子的理念是斯文救世，救国救民：用仁德代替凶恶，用仁政代替暴政，用王道代替霸道，用博大仁爱之心代替狭隘争拗之心，用善良坦荡规矩温文尔雅取代邪恶放肆忤逆野蛮诡诈的乱世恶相。

这放在今天大概就是软实力与巧实力，然而远不仅如此。软与巧不过是人的聪明心计，而孔子的路线是天命，仁德来自天命，天，才是终极的"高大上"，乃能"行健"，乃"自强不息"，能"厚德载物"，具"好生之德"，使"四时行焉，百物生焉"。仁德的典范则属"无为而治者其舜也与"。

仁德首先是心性，又不仅仅是心性。它们外化并强化为礼，即行为范式、社会秩序、尊卑长幼规矩；外化为君子的斯文风范，君子的彬彬有礼、文质彬彬。这就叫以文化人，这就叫尚文之道。这就叫以德治国、以文治国、以礼治国，政治文明，斯文济世。

文质彬彬，温文尔雅，儒雅，彬彬有礼，这些说法都非常可爱，但也会让人感到温而不猛、文而不勇、柔而不刚、面而不强、犹豫而不决断、谨慎而不泼辣突破；缺少了强势、斗争性、刺刀见红的力度、闯劲、拼搏与压倒一切敌对势力的气概。腐儒，秀才造反、三年不成，纸上谈兵，空谈误国，怯懦恐惧，白面书生，没有男子汉大丈夫的蛮劲狠劲勇劲与拼劲，干不成什么大事。

软实力当然会受到硬实力的嘲笑，仁义会受到凶恶的轻蔑，道德可能被谋略击败，空谈被实际操作者所厌恶，美善的理念与高尚的心愿也可能受到强力的清除。历史上这一类事例不胜枚举。但是连仁义首先的空谈也没有、姿态也没有，昏乱暴虐而败亡的事例，同样是不遑枚举。

但是孔夫子带头的天地人三才的互生互易互证互文互补，孝悌仁本的伦常美德，为政以德与权力的合道性前提，即使不能完全兑现也仍然有其说服力、吸引力、凝聚力与光明性、善良性、和谐性，儒学有治世的各种征兆，无乱世的惊心闹心伤心刺心。尤其在政权比较巩固、内外敌对势力的迫近性破坏性紧急性相对较小的时候，儒家学说优化世道、缓解矛盾、强调秩序、注意伦常、润泽人际地域关系，美化人生际遇、善化人际居心，安慰鳏寡孤独、老弱病残，抑制与淡化仇恨疑虑敌对心理，开出一些精神营养鼓舞药与补助剂，及作为标榜与提倡的心愿、愿景、标准……以儒家为主流、为旗帜、为标记、为高高悬挂的醒目招牌与度量衡具，以孔子为至圣先师，以孟子为亚圣，以荀子为大家，以宋明理学的朱熹、王阳明为新儒学代表人物，这样的选择，是成功的。它前后延续了两千余年，源远流长，长盛不衰，其地位与影响，久远性与生命力，罕见其匹。

当然，时间长了，原地踏步，旧瓶旧酒，老调重复，言行脱节，虚实脱节，在长期的、频率相当高的、换汤不换药的改朝换代历史进程中，儒家文化已经显示了惊人的生命力与适应能力，同时也渐显老化老态。在《儒林外史》与《红楼梦》中，已经渐渐露出封建主义的末世光景，包括修齐治平的塌陷败落、学优而仕的尴尬鄙陋、大户之家的藏污纳垢、名门子弟的身无长技，光宗耀祖的荡然无存、文化传统的虚应故事、人性扭曲，人情虚伪、交际矫诈、亲情功利、爱情扭杀，欲壑难填、阶级压迫、残酷无情，寄生懒惰，贵族、朝廷、官僚、吏治体制与生活方式运作方式维护方式与调适方式的腐败无能，养尊处优、愚蠢颠顶、腐朽糜烂，孔孟之道传统文化面对现实生活与危机进退失据，科举制度弊病多端……两部长篇经典的出现已经为封建中国的封建文化敲响了丧钟。此后鸦片战争、八国联军、内忧外患、危机焦虑，一言难尽。

问题在于，在随着社会制度的变迁而显示了文化的制度层面、治国理政层面，以及语言口号、陈规陋习、价值判断、生活方式、衣食住行、吃喝拉撒睡、礼仪讲究方面出现巨大崩塌、求新、变革的同时，我们仍然会发现在心理沉淀方面、集体无意识方面、乡风民俗方面、群众舆情方面、异质风气接受跟随抑或拒绝排斥方面，中华文化传统仍然强大存在，它变化着、适应着、充实着、挑选着、吸收着同时消化着、萌生着各不相同的可能性与想象空间。离开了中华文化传统，我们的文化继承弘扬、转变创造、更新革命、建设繁荣都无从谈起。

九、儒学的礼治理论与礼义软实力

"诚于中形于外"：伦常哺育孝悌，孝悌升华为仁德仁义，仁德仁义是核心，构建中华儒学文化，文化表现于日常生活中成为礼法礼制礼节礼貌礼仪礼行，做事、举止、进退，直到容貌、面色、身体姿势身体语言与表情，都有章可循，有法可依，中规中矩，一丝不苟。尤其是君臣父子，恭谨诚敬，慎独慎微，没有给放肆混乱、倒行逆施、胡作非为留下余地。

传统文化中所反复强调的礼到底是什么？最简单的说法，它是个人生活、家庭生活、社会生活、政治生活与待人接物的规范。规范可以大致包括了礼，但礼并不就等于规范，无论是秦朝的严刑苛法，还是刘邦灭秦后的约法三章，简明扼要的"杀人者死，伤人及盗抵罪"，都求其规范，都属于刑法，都很难算成礼节礼貌礼仪。

从字面上说礼，是表达敬意的言行，是共同遵守共同表达纪念、悼念、友好、庆祝的仪式或者赠品，古代则是祭奠与宴请。而说一个人一个群体彬彬有礼，文明礼貌，应该是更正面更积极的规范：可以说是文明规范、高雅规范、高尚规范、精英规范、恭敬规范、榜样规范。法的规范针对的是不可不准不容忍与对于这种不可不准不容忍的事端责任者的惩罚打击，不可说不可容忍的话语，不可做违反法律伤害他人或者群体或者国家社会的事情，杀人抵命、欠债还钱，不可违背做人的最低标准，否则有强力的惩罚等待着你。至于你如何才能做得更好，法律不可能做出全面的规范。当然，遵纪守法也是美德，但人们仍然在遵纪守法之上有可能做到更高的追求标杆。

礼是另一种高度的准绳，即精英的、名誉的、君子的、文明的、有教养的、令人称颂尊敬羡慕、令社会和群体欢迎首肯的准绳，礼节礼貌礼仪引导你的文明追求与文雅走向。失礼一般不等于犯罪，无罪也并不等于守礼，但失礼会降低你的成色与舆论评价，失礼可能使你成为粗野、莽撞、低下、鄙俗的群体中的一个，失礼会自断自绝于自身的人品人格人望，自毁名声美誉与提升的前景。

孔子的逻辑是后世见于唐太宗《帝范》卷四的"取法于上，仅得为中，取法于中，故为其下"。这个说法的出处似不彰显，但其语义其思路的流传与引用，极其广泛。孔子的逻辑是，如果你德行优异，何劳行政手段的频频强调、辛苦防范？如果你极其文明守礼、文质彬彬，又如何可能作奸犯科，需要刑律论处？一家一国，不必强调惩罚性规范，而不妨宣扬美誉式准绳，比起一味地强调如何如何就要绳之以法，多了尊严，高了格调，岂不更好？

当然，孔孟荀当年的关注重点还不是上述的文明、教养、精英化、高雅化，他们当时是以祭祀的礼仪为源头，以阶级社会的尊卑长幼为秩序，以"分定"为礼的基本概念。如子产所言："礼者，天之经也，地之义也，人之行也。"(《左传》)而荀子讲得更务实，他强调的是人皆有名利地位之欲求，但一个社会不可能满足所有人的欲求，必须依尊卑长幼之差别即依礼划分出尊卑长幼各自拥有的名利地位，不同的人应该有自知之明，遵守礼的规范，不想入非非，不妄生不平之心，也就是《论语》头一章已经提出的"犯上作乱"问题，不可犯上作乱，只可奉公守法。确实，在这里，言其礼与行其法结合起来了，守法被柔化为守礼，刑罚被美化成对彬彬有礼的教化。

这里的"分定"一词极为关键，分定，就是名分所定，阶级身份所定，上天分给你的定规即命定，是君王分给你的定额，还是君王就位后的定局。孟子说："君子所性，虽大行不加焉，虽穷居不损焉，分定故也。"他说的是君子的一切都是命定的，不会因得志而增益，也不会因委曲而受损。君子也就淡定如一，金刚不坏。

将尊卑与长幼说成一件事也极有趣，长幼是年龄的差别，尊卑是地位阶级的差别。将尊卑之别与长幼之别混为一谈，有利于缓和或淡化阶级矛盾。

将政法道德化，把道德文化化，把文化高雅化，把尊卑的差别礼仪化，分定文化化，礼节礼仪化，以高雅文化为旗帜体现政法的要求，以分定为依据避免阶级冲突，以教化保证政法规范权力规范的被尊重与被遵守，这样，不仅是为政以德，还是为政以礼，不仅是德治，也干脆是独特的礼治，即以礼治国，以礼育人，以礼维护分定的秩序。这堪称别开生面，中国特色。这也是中华传统的一种整合本领，一种混一特色，一种尚同思辨，一种教化性软实力，一种对硬实力的相对轻描淡写——轻描淡写硬实力也是一种礼，是对仁德文化的恭敬与向往。所以有《三国演义》中的著名说法，叫作"先礼后兵"。礼是一种治理方法、宣喻方法、普及方法、推行方法，外交上更是不可或缺。既是不够清晰与全面的说法，又是相当有效的一种把握、一种政治与外交文明。

在礼的推行上，孔子十分重视面容表情，提出"色难"命题，他重视苦练内功，他要抓灵魂，要培育"无违礼""三月不违仁"的喜怒哀乐与面部表情，举动行止，进退从拒。直到当代，我们讲到一些人们不喜欢的人、说法与文字、作品与产品的时候，称之为"面目可憎"。就是说，不但人有面孔容色问题，由人们创造制作加工改变出来的物品、形象、建筑、景色、景观、结构、内涵与形式，直至你的主张议论言语举动表演，也有一个惹人爱怜、令人尊敬、招人喜欢、使人叹息、令人可惜，或是乱人精神、叫人厌恶、伤人心扉、堵人心肺、引人痛恨的容色、品相、观感之区别，有一个看得还是看不得，受得还是受不得的问题。

中华民族历史上某些家伙的"面目可憎"问题，已经存在至少两千五百年。消除"可憎面目"，尤其是消除吏治中的、服务行业的、有财有才有权有势人中的"可憎面目"，是我们至今仍在奋斗的实现全面小康与社会主义现代化中的历史重任！

礼、孝发展而为忠，其理自明。悌发展而为恕："推己及人""己所不欲，勿施于人""己欲立而立人，己欲达而达人"，顺理成章，不由得你不喝彩。由小及大，由近及远，由内及外，"郁郁乎文哉"（本是孔子称颂周礼语）！

孟子荀子，都极其强调礼义。《礼记》有言："凡人之所以为人为者，礼义也。"唐朝以降，对礼义之邦的自诩越来越多。我自小只知道礼义之邦的说法，从未见过礼仪之邦四字。现在更多的人讲什么礼仪之邦，是由于礼义一词比较艰深概括，不若礼仪之固定具体。礼义中的义，与仁义中的义的指向有所不同，这里的义指的是含义、定义、意义的义，也就是作为准绳和原则的义。孔子说，"君子喻于义，小人喻于利"，用今天的语言来说就是不能"拿原则做交易"，因眼前的利做了交易，为求蝇头小利而放弃了原则，背叛了大义，就不是君子而是小人了。孟子喜欢做义利之辨。

孔子在《礼记》中说过，"夫礼之初，始诸饮食"，说是通过饮食的方式表达对祖先或鬼神的祭奠。《论语》中讲"齐必变食，居必迁坐"，这里的"齐"字其实是"斋"字，也是说斋戒祭奠的时候，要素食，要不与妻妾同住。

古代的诸侯国家，儒家认为"国以民为本，社稷亦为民而立"（朱熹《四书章句集注》）。这是朱熹对于《孟子》所讲"民为贵"思想的理解。更早是西周汲取商朝灭亡的教训，提出了"敬德保民""宜民宜人"的命题。《尚书》中有"民惟邦本，本固邦宁"的重要论断。而到了汉代《史记·郦生陆贾列传》提出了"王者以民人为天，而民人以食为天"的脍炙人口的说法。古代先民，最关心最在意的是生存，为了生存必须摆脱饥饿，吃东西是天大的事，是上天的宏恩，也是上天给人类提出的最严重最根本的课题。孔孟荀子在谈到仁政德政"以德配天"的时候，道德强调的是君王不论要做什么推行什么大事，首先要注意的是不误农时，误了农时就会歉收，就会饿肚子，就会天怒人怨，国破家亡。反过来说，大多吃饱，基本吃饱，顿顿有饭吃，就是天地吉祥国泰民安，祖宗显灵，鬼神相容，洪福齐天。所以祭祖祭神，供品也常常离不开食品，从鲜果蔬菜点心到完整猪头熟肉，都能使用十分形而下的饮食物品，使之成为体现孝悌忠信的崇拜、感恩、恭敬的标记。

孔子对于饮食的讲究从来非常认真与周到，《论语·乡党》中记载："齐必变食，居必迁坐。""齐"同"斋"，是说祭祀的时候，要斋戒，一定要改变平常的饮食，居住也一定搬移地方（不与妻妾同房）。

《论语》中还提出："食不厌精，脍不厌细。食饐而餲，鱼馁而肉败，不食；色恶，不食；臭恶，不食；失饪，不食；不时，不食；割不正，不食；不得其酱，不食。肉虽多，不使胜食气。惟酒无量，不及乱。沽酒市脯，不食。不撤姜食，不多食。"

孔子的八不食，包括了食物颜色外观不对了不吃，变味儿了不吃，粮食陈旧了不吃，鱼和肉不够新鲜的不吃，非新鲜蔬菜不吃。烹调不合格的东西不能吃，佐料放得不恰当的不吃，从外面店铺里买回来的酒和熟肉不吃。

可以将这些规矩解释为孔子注意饮食卫生，鲁迅先生还戏言孔子可能有胃扩张疾患以嘲笑当年的所谓国粹维护者。但我们今天会理解孔子对于饮食、对于吃饭的认真和恭敬。为什么对吃饭会抱认真与恭敬的心态呢？很简单，不吃饭会饿死。面对饮食人不能不感恩、庆幸、满意。民以食为天，当然要认真地对待吃饭问题，帝王、诸侯、公卿对待民人的首要责任是让百姓有的吃，尽量饱。所以要在可能范围内恭而敬之地好好吃，要恰恰在吃饭的时候体验上苍的恩典、大自然的恩典、劳动人民尤其是农业劳动者古代叫作农夫的辛劳贡献。李绅（唐）《悯农》诗曰："春种一粒粟，秋收万颗子。四海无闲田，农夫犹饿死。"这里更提醒官员士人工商业主城市居民，要记住农民的劳苦与牺牲。

这种感恩的意识与礼仪，在中华传统文化中突出命名为敬，为礼，孟子的话："恭敬之心，人皆有之。"而在基督教、伊斯兰教中表现为饭前饭后的降福赞美祈祷文辞与膜拜上帝或真主。在无神论者看来，饭前饭后，感激大自然的食物提供，感激劳动者的农业生产、农机制造、烹调者的厨艺劳动，也都是一种美好光明的情愫。

即使是私生活、燕居（闲居），《论语》也强调孔夫子的从容得体、平稳高尚、不狂不躁不贪不妒不恨不怨天尤人，"申申如也"——整整齐齐，"夭夭如也"——舒舒服服。这是一种慎独而又乐生的礼文化，人要自控、自律、自强、自文、自怡，任何时间场合，不能自甘堕落、自居下游、自出丑态、自寻烦恼、发泄丑恶。

随着生产力的发展，生活节奏的加速，国家民族间竞争因素的增加，人们对实效实利实力的考虑会强过于对文化讲究的考虑。礼节礼仪礼貌与古代相比渐渐有简易化的趋势。丁忧三年，还乡守丧，居住在父母墓地，这些都已经不可能照办，节日、祭祀、婚姻、添丁、动工、出行、庆寿、宗教崇拜祈祷一类的礼数也在简易化，但礼的观念、礼的文明、礼在生活与交际中的地位有增无减，礼文化的文明性、教养性、高雅性、精英性还是存在着扩展着与深化着的。

改革开放初始，我们提倡五讲四美、礼貌用语等，说明当代也仍然必须重视礼的教育，不过如今的礼的教育，已经完全不是旧时代的以压迫妇女为特色的封建"礼教"了。

十、正名、君子、劝学、中庸、尚同、尚文等儒学的崇敬体系

孔子说:"吾道一以贯之。"这个"一"就是道,这个道就是仁,这个仁就是德——仁义——文化——仁政——礼治——礼义。这个道是诚意也是正心,是修身也是齐家,是治国也是平天下,是忠恕也是仁义礼智信,是恭宽信敏惠,是温良恭俭让,是四维八纲——"礼义廉耻"或者加上"孝悌忠信",是四德"恭敬惠义",是克己复礼,是忠孝节义也是浩然正气,还可以加上一切中华美德,一通百通,一美俱美。

从这个"一"出发,孔子乃有如下的一些重要主张:

首先是正名。基于汉字的综合信息量,培育了炎黄子孙的看重整合、看重乃至崇拜大概念,不特别喜欢条分缕析,而喜爱一种所谓大而化之的方法论。大而化之出自《孟子·尽心下》:"大而化之之谓圣。""化"这里作改变、转变即变化、化育讲,化育,既是天地之化生长育,指生命在天地间生长发育成长,又是指人为的教化培育、熏陶塑造。孟子说的本是圣人化育万众,使天下化之。后世传播久远,传播中人

们望文生义，将之理解为做事粗枝大叶、丢三落四、不小心不细致不谨慎，但又是大处着眼、大志大局、从长计议、抓住根本。

除少量外来语外，命名就是定义、定性、定位，就是表达认知、期待、标准、责任、内涵、质地，就是价值宣示。命名代表了人们对于世界诸人诸事诸物的认识与把握，命名就是认识世界，命名就是治理安排拿捏。名中有义、名中有理、名中有礼、名中有分。正名就是整顿纲纪，就是名实相符，就是政策待遇确定，就是君君臣臣父父子子，就是有道，就是有章法、有秩序、有规律、有整顿、无乱象；正名就是整顿，祛除名不符实、冒名顶替、假冒伪劣、以假乱真、以次充好、蜕化变质、不真实、不作为、不诚信。

不仅孔子如此，老子同样强调命名的重要性，他说的是："无名万物之始，有名万物之母。"不命名等于无万物母、即无万物，即有物而只有自在，没有自为，没有被文化所认知，没有进入人文关注与视野、实践与改变创造、经验与积淀范畴。

直到一九四九年后，我们仍然极其重视命名，例如人民国民之辨，例如敌我友区分，例如姓社姓资，例如地富反坏右戴帽子摘帽子，例如敌我与人民内部矛盾结论，例如左中右区分。有的人干了一辈子革命还在苦苦地等候一个人民内部矛盾的"名"——"结论"。有的人为了争当"左派"而不惜兵戎相见。此种思路,外国人怎么琢磨也琢磨不透,学学《论语》就会明白得多。

正名就是正礼,是正政风,正名分,搞清你在一定名分下应有的权力、地位、义务、责任。这可以说是孔子设想的一个古代整风运动。他针对的是彼时君不君、臣不臣、父不父、子不子局面,针对的是争权夺利、弑父弑君的乱象、礼崩乐坏的乱世。他提出名不正则言不顺,提出不在其位不谋其政,提出"觚不觚,觚哉!觚哉!"——"觚也没有个觚的样子啦,这也能叫觚吗?这还叫觚吗!"

正名,也是治理的一个合情合理的抓手,有它的中华传统文化特色、文化内涵、文化说服力。而祭祀用的神性酒器觚之稀里糊涂、成了非觚,如《红楼梦》里描写的贾府乱象,则是觚已不觚,府已不府,德已无德,行将国也不国的预言预警哀丧之音。

其次是君子与小人之区别,这也是一个大命名工程。孔子对社会大体上是两分法,一部分人是治人,即权力体制中人,一部分是治于人,即被管理者。君子从社会地位来说是权力中人或候补权力中人。对于权力中人的文化要求与道德要求,当然要比从事生产劳动等"鄙事"的人众要高。"君子不器""君子喻于义""君子周而不比",即君子讲究的是义理,是原则,是大局,是世道人心,不陷于教条与具体行业,更不会搞小圈子。而"小人喻于利",小人看得见的只有实打实的眼前利益。"君子和而不同",是真和,"小人同而不和",是假抱团的宗派山头黑手党座山雕弟兄之类,是威虎山与《教父》里的故事,终必土崩瓦解、树倒猢狲散。"君子之争",争起来彬彬有礼,小人之争,无所不用其极,坚如磐石团结假象,一朝败露败落,断坍塌崖。"君子坦荡荡",正如故宫里皇上题的字,到处是"正大光明",透明度一百一。皇上最痛恨的是底下的臣子与他斗心眼要诡计。"小人长戚戚",小人鼠目寸光,不会自我调节,小人多是低级性恶论者,他们感觉到的永远是轻蔑、妒恨、阴谋,不是他嫉妒坑害或轻蔑旁人就是旁人嫉妒坑害或轻蔑他。荀子的分析是,一样东西如名位,小人没有得手,小人为不得而戚戚叽叽,他偶尔得手,他将为害怕失势失名失位而咕咕嘀嘀。

孔子对君子的期待既务实又理想,"学而不思则罔,思而不学则殆"、"邦有道则知,邦无道则愚"、"邦有道,危言危行(谨言慎行);邦无道,危行言孙(逊)"、"用之则行,舍之则藏"(受到信用,就去践行做事，得不到信用，就退隐歇息）、"敬鬼神而远之"、"不语怪力乱神"……都很老到，堪称精明入化。差不多任何形势下，他当进当退、当言还是不言、当行还是不行，他都有自己的章法判断选择，适可而止，不搞极端片面。他的斯文救国论，他的"克己复礼，天下归仁"论，不但理想，而且纯正天真大气。

而他对于小人的论述，干脆是人情练达，世事洞明："同而不和"啦，"言不及义"啦，"巧言令色"啦，"小人穷斯滥矣"啦，"小人之过必文（掩饰）"啦，"小人不可大受（承担大事）"啦，"小人比而不周（结党营私）"啦，"不仁者不可以久处约（贫），不可以久处乐，仁者安仁，知者利仁（仁德者只有行仁才能安心，聪明人也懂得仁德对他人与自身是有利的）"……啦，甚接地气，眼里不掺沙子。读之甚奇，"申申如也，夭夭如也"，一副士绅派头的孔圣人从哪里了解那么多小人的世情洋相？孔子不火不温，不"道学"，不冬烘，绝对不书呆子。

这样，"君子小人所为不同，如阴阳昼夜，每每相反"（朱熹《论语集注》），绘出君子的道德文化风范与小人的低俗可悲，君子与小人之辨就不是社会地位问题，而是文化教养问题，是三观的选择与浸染问题了。孔子的君子小人之说不利于民权平等观念的形成，但有利于保持权力系统中人精神面貌之精英性示范性先进性，对于中国这样一个超大与发展极不平衡的国家，对于古代实行精英政治，集中权力治国理政，其实有相当实惠的劝勉性与可操作性。

这样的君子小人之说，还有被民人服膺的便利处。一是，你的权力来自道德文化，而不仅仅是世袭、血统、异兆、武力，老百姓听着舒坦，好接受；二是，你的道德文化记录太差，你就成了无道昏君独夫民贼，民人就有权不承"载"你而颠"覆"你，老百姓就有权替天行道，造你的反，推倒你的朝廷；三是，强调道德文化修为，开通君子与小人的交通路径，缓解疏通君子与小人间的阶级对立，为后世科举制度打下思想基础；四是，推动教育，增强读书好学上进风习。

第三，孔子十分重视劝学，只有通过教化与学习，才能培养出文质彬彬、继承斯文的高尚一脉，才能继绝学，也才或有望于开太平。

孔子提倡的是学习型社会，是"温故知新"，是"举一反三"，是"见贤思齐，见不贤而内自省也"。后者即内自省比思齐还重要，还难做到，还伟大。《论语》中多次讲到了自我反省的重要性，如"吾日三省吾身"，有一点点像基督教所提倡的忏悔，比忏悔的说法温和中庸一些，不那么刺激煽情诈乎施压。后世则将"自省"发展为高尚的"自我批评"。

孔子还讲"三人行必有我师焉",讲"十室之邑必有忠信"。孔子主张在生活中学习,向活人高人学习,联系自己的实际学习。他与死记硬背、生吞活剥毫不相干。后人在尊儒敬孔中出现"白发死章句""茫如堕烟雾"(李白《嘲鲁儒》)的呆鸟,是后人没出息,孔子没责任。

第四,孔子提倡中庸之道,提出各种事情各种场合所言所行都要恰到好处,"过犹不及"。这个中庸之道,是对于中华文化与孔子的尚一、尚同的重要补充。

孔子讲"一以贯之",孟子讲"天下定于一",老子讲"天得一以清,地得一以宁,神得一以灵,谷得一以盈,万物得一以生,侯王得一以为天下贞(正)"。一了,同了,不争了,自然天下太平,幸福指数飙升。

但万一某个"一"错了怎么办?要是形势变化,这个"一"需要调整、革新、有所改变怎么办?要是有了一,从而有了与一不完全一致的二三四怎么办?

中华文化传统的方略,一个是以二补一,就是说设置一个清谈性、补充性、虚拟性的"亚二"以为参考。这就是中国的进谏制度与进谏系统、归根结蒂是进谏文化。这个话题兹后再议。再一个关键认知与预谋,在于这个"一",需要的是中庸之道,需要平衡平稳正常准确，不搞极端、不搞分裂，不搞恐怖吓人，不搞起哄偏激过头，为权力中人，为君子精英也为小人小民留下调整拐弯的空间。

中国过去没有西方所谓"多元制衡"的传统。中国的平衡往往表现于时间的纵轴上："三十年河东，三十年河西。"

这种尚一的传统仍可能与汉字魅力有关，汉字表达的是形、声、义，尤其是义，一个字可以涵盖天地、包容宇宙、吞吐古今、囊括兴亡，且具有精妙的结构与字义逻辑。汉字是口语的书面化，而且有时是文字的精粹化、神圣化、终极化、"宗教化"。越是大人物越愿意用一个字或词来表达一切真理或一个关键的计谋。字越单一，解释起来就越无限。更重要的是，一元化简约化才能去除纷乱、阴谋、颠覆、争夺、花花肠子。

长久以来，人们没有看得太清的是：只有"一"却缺少"多"的合理合法地位，也不是好事，它会使矛盾潜伏，负能量积蓄，酿造更大的灾难。

除了尚一则是尚同，最高理想是世界大同，是共产主义式的"大道之行也，天下为公"（《礼记·礼运》），是不分你我他，共享"一切的一，一的一切"（郭沫若《凤凰涅槃》）。尚同在中华传统文化中的意义与重要性有待进一步研究，墨子提出尚同，崇尚天子，崇尚天道，一同天下之义。庄子则主张齐物，主张道通为一，也具有尚同的因素。而著名的《礼记·礼运》的"大道之行也，天下为公。选贤与能，讲信修睦。故人不独亲其亲，不独子其子，使老有所终，壮有所用，幼有所长，矜、寡、孤、独、废疾者皆有所养，男有分，女有归。货恶其弃于地也，不必藏于己；力恶其不出于身也，不必为己。是故谋闭而不兴，盗窃乱贼而不作，故外户而不闭。是谓大同"。这种尚同的向往，不可能不通向科学社会主义——共产主义。

也许圣人、亚圣们多少看到了"一"化的危殆，看到"同"的不容易，才强调中庸，强调毋为已甚，适可而止，恰到好处，一直到留有余地。和而不同，已经是很高明很漂亮的中庸之道了。

中庸之道的另一个方面就是一颗仁心，两手准备：可以知可以愚，可以进可以退，可以用可以藏，可以显可以隐，可以独善其身，也可以兼善天下，可以怀大志修齐治平，也可以带着友朋学生春游沐浴、舞蹈吟唱（"莫春者，春服既成，冠者五六人，童子六七人，浴乎沂，风乎舞雩，咏而归"）。这就是对立统一，已经是中庸之道的进一步发展。我们多半知道老庄的精通辩证法，却也应该知道孔子中庸之道的辩证法。

同时我们不能不为孔子"知其不可而为之"的悲壮所感动。到了孟子那里，"杀身成仁，舍生取义"，更成为理想主义的弥赛亚（救星）了。

清末以来，社会矛盾高度尖锐化严重化，几乎没有给充满危机感的国人留下中庸中和中道的空间。五四以降，人们对中庸之道厌烦，甚至认为那是一种不阴不阳不男不女的乡愿嘴脸。"乡愿，德之贼也"，尤其在革命发动、抗敌惨烈的年代，你大讲中道给人的感觉是逃避责任，狡猾市侩。

自孔子以来，《论语》流传了两千数百年，流传当中谁能保证孔学不走样、不歪曲、不被利用？被接受被膜拜被高歌入云到那个程度，如果不是孔子而是别的"子"，弄不好会变成邪教。它是孔子的成功也是孔子的灾难，一种学说发达到儒家那个份儿上，全民皆君子皆儒难于做到，儒降低成全民的口头禅与旗号，同时去精英化去君子化去学理化变成老生常谈书生空论则十分可能。一种思想大普及的结果是大歪曲，这是传播学中常常面对的一种现象。儒家既是精神的瑰宝源泉，也可能被庸俗化、极端化、烦琐化、教条化、僵尸化、狗血化。

天下滔滔，到处讲"舍得一身剐，敢把皇帝拉下马"，人们斗红了眼的时候，敢于提倡斯文的中庸，需要怎样的勇气和智慧！

以色列总理拉宾，不是在战斗中死于敌手，而是在和平努力中死于本国的"志士"。呜呼痛哉！

承认中间状态与多种选择的存在，才能理解中庸之道的意义。中庸之道，恰恰是非专制主义、非独断、具备一定的灵活性松动性的一个标志。孔子一方面尚一，强调一以贯之，孟子强调天下定于一，同时承认君子与小人的两分世界，两分世界不是平均与分裂的，而君子治理小人，小人则接受由君子们组成的权力系统的治理。

同时又强调中庸，强调和而不同，强调和为贵，强调"我则异于是，无可无不可"，承认在改朝换代大变动中多样选择的可能性。"不降其志，不辱其身，伯夷、叔齐与"，说的是伯夷叔齐在武王伐纣，灭掉殷商以后，他们保持清流，不与新政权合作，耻食周粟，采薇而食，饿死在首阳山，显示了他们的尊严清高。孔子又讲道："柳下惠、少连，降志辱身矣，言中伦，行中虑，其斯而已矣。"说的是另外两个商朝逸民（遗老），虽降伏于周，但仍然说话有分寸，合乎道德伦理的要求，行动深思熟虑得体，他们做到了这样的标准。

而"虞仲、夷逸，隐居放言，身中清，废中权"，就是说，虞、夷另外二人，隐居消失，说话可以随意一些，能保持了洁身自好，而且在自求废隐中有清醒的权衡与明智选择，对各有不同的选择，他都予以理解。而说到他自己，则强调与他们都不一样，孔子本人遇到这种处境，他的选择余地则更加宽阔，"无可无不可"，他无须为难自己。

可惜的是以他的门徒自诩的人当中，呆滞者太多了。例如明代的著名清官海瑞。

第五，除了尚一、尚同，还必须尚文。文质彬彬的人方能中庸，急赤白脸、心浮气躁的人不具备彬彬的文质，也就中不了庸，或者只会中出一个令人恶心的无耻无勇的低俗之庸来。

为何尚文？因为心性需要文明、文化、文艺、文学的滋养陶冶调理。人的思绪、形体、言语、举止、容色、风度需要文明、文章、文艺、花纹的美化、装扮、修饰、塑型。"不学诗无以言""诗三百，一言以蔽之曰：'思无邪'"。"怨而不怒""乐而不淫，哀而不伤""诗可以兴、可以观、可以群、可以怨"，孔子认为，要修齐治平、治国理政，就要抓文艺。

中国国情，只有好好读《论语》等古代经典，才能拎得清。

第六，再进一步使文化成为行为的规范，是礼。"礼之用，和为贵。"这是以和统礼。不是用法具有的惩罚强力，而是用和气的礼貌的文化熏陶，来倡导规范民人行为，这听起来是多么优雅，多么理想，多么高明与可心。想想看，人人或者绝大多数人都斯斯文文、彬彬有礼了，还要严刑峻法打板子砍脑壳做啥？法治不能不苦不威不恐吓，礼治却温馨喜悦甘之若饴也。

礼法中最重要的是祭礼与丧礼，表达了对先人、对祖宗、对天地，对生死、对生命链、对历史和传统、对久远的以往也包含对亡灵与彼岸世界形而上世界的敬畏崇拜、深情重意。祭祀培养的是"慎终追远"的厚德与担当。这里已经饱含了宗教情愫，却又延伸为做人做事的当下道德规范。

尚一，尚同，尚文，尚古，尚中（庸或和），尚礼；这六"尚"构成了中国君子之道德斯文——崇敬体系。

十一、儒学的理想与实践

孔子强调的是周礼。一个朝代，一个政权，一种体制，在它最初建立的时候往往颇有动人之好处，否则西周如何取殷商，武王如何取纣王而代之？谚云："新盖的茅房三天香"，话糙理不糙。但世上压根儿没有完美无缺的体制运作与王权管理。时间长了难免暴露出缺陷问题，渐失新鲜感敬畏感认真感，渐显言行不一、口是心非、形式过场、陈旧呆板、虚与委蛇、酱缸粪堆之类弱点。《红楼梦》里贾府，礼数不缺，却已腐烂透顶、摇摇欲坠。伟大中华，从孔子时代到现今，动辄叹息世风日下、人心不古，"你的良心大大的坏了"（通俗歌曲名），盖有年矣。与其说是国人复古保守观念从胎里就带过来的，不如说是理念与制度缺少必要的挑战与与时俱进的发展所致。

那么孔学主张在我国实践得如何呢？遭遇又如何呢？

想想看，只要不觉得孝亲与悌兄有多么艰难遥远，恕道也就近在咫尺，忠也离我们不远，宽厚自然而然地造就，知耻之勇油然而生，恭谨礼让理所当然，廉洁与高尚成为风气，道义之心压缩逐利之心，君子坦荡荡的斯文抵挡得住所有的卑俗、凶恶、敌意与乖戾。

顺着这个思路想下去，不免心花怒放，三呼圣人大哉：世道人心化险为夷，政治秩序化逆为顺，世道风气化浇薄为厚朴，处处谦谦君子，在在温良恭俭，权力惠民，百姓忠顺，君臣相得，邻里相助，阴阳调和，这就叫作天下归仁，斯文济世。

这样的天下归仁的理想国并不会现成摆放，任你享用讴歌，而是要经过努力学习、长进、切磋、琢磨，才能成真成形成事：读书明理、温故知新、举一反三、见贤思齐、见不贤思改，学而思、思而学，学而时习之，克己复礼……

这干脆可以说是古代的、以孔子为代表的中国梦。

可惜的是这样的梦实现的时候少，望尘莫及的时候多，背道而驰的也不少。鲁迅指出："《二十四史》而多至二十四，便是可悲的铁证。"（《春末闲谈》）鲁迅这里说的"可悲"，确实是中华之悲，也是孔子之悲，人人尊孔学孔，却硬是出现不了天下归仁、为政以德、万世太平的美好局面。而到了近现代，遇到强力霸道的"外夷"，儒家孔学，更是狼狈慌乱，无以自处。

孔子的中国梦美丽、善良、单纯、精彩、雄辩、适宜，却不无天真。他可能还没有来得及去探讨推敲家国天下政治社会生活中非斯文方面、权力与暴力方面、管理与匡正方面、利益与竞争方面、生产与财富方面、科学技艺方面。他也可能远远没有顾得上去认知民人（首先是被他确实发现了许多弱点的小人们）在历史上的作用。他不可能像二十世纪的毛泽东那样提出"人民，只有人民才是创造世界历史的动力"。

重要的原因或许在于中国的地理条件，古代中国，我国中原地区，人们的认识除了中国以外周围只有东西南北四海八荒与南蛮北狄东夷西戎四夷，传统文化遇不到异质文化的有分量的挑战、撞击、交流、沟通，只有自足自解自适自得，没有争辩掂量变化创新，这对于一个庞大辉煌、日久天长的文化来说，呈现着它的博大精深、源远流长，但也隐藏着危殆艰难的病灶。

对于生活中的非斯文因素与众"小人"，再来一个"非礼勿视，非礼勿听，非礼勿言，非礼勿动"的话，可就成了自欺欺人喽。

前面说到了孔子的待价而沽的态度，至圣先师的热烈与直率跃然纸上。他完全没有作秀清高、想吃怕烫的尴尬。他毫不含糊。他愿意入世实践自身的政治理念的声明不是为了自己的立身扬名，像苏秦、张仪等所说所做的那样，而是为了传承斯文、救亡斯文，承担以斯文一脉济世救国的天命。他心地干净高尚，所以不怕任何小人恶人或洁癖人诬陷他说他"官迷"。

同样，他的斯文理念，不是为了写论文卖弄学问评职称，他屡败屡战，硬是要孜孜矻矻建立一个斯文新世界。

孔子的斯文理念，说起来合情合理、正中民人下怀，而且堪称善良忠厚简明通俗，实现起来却颇不顺遂。热衷于政治与军事斗争的各侯国权力系统，看得见的是兵强马壮、克敌制胜；看得见的是粮丰草厚、武备充足，才能实力逞强；看得见的是计谋多端而后占先；看得见的是赏罚分明、心狠手辣，才八面威风……孔子的主张对于急功近利的权力中人来说，实在是急中风遇到慢郎中，谁有那个耐心烦儿陪着您玩儿？

不足为奇。文化文化，既来自现实需要，又来自理念理想之梦。做得到的是它的务实性，例如"节用而爱人，使民以时"，正常情况下多半可行。没有做到的是它的某些理想性，高不可攀。例如"其为人也孝悌，而好犯上者，鲜矣"，不见得，如今的贪官中，也有孝子。至于"克己复礼，天下归仁"，似乎压根没兑现过。

没有全面兑现不要紧，只要一个文化主张能在价值层面上被认同，只要它能唤起道德理性良知良能，正面地影响精神走向，就算是取得了伟大成就。孔子、老子如此，佛陀、基督、苏格拉底、柏拉图、伏尔泰、卢梭、马克思与萨特也是如此。没有百分之百地兑现过的文化理念，仍然对人心有普遍的积极影响，功莫大焉。有了普遍的积极影响，至少应该算是实现了一半。这就是孔子所说的"求仁得仁""我欲仁，斯仁至矣""人能弘道，非道弘人"。做得好不好，与其说是学理问题，不如说是信奉者的实践问题。人格上乘，就是弘道，败了也是疑难交叉配血而败的悲剧英雄，流芳百世。

中国历史上仁人志士不少见，少见的是仁政。对于仁心的呼吁与提倡，完全正确也颇有成效，如今，也还要呼吁提倡下去。仁政难，则说明为政的问题复杂得多，要斯文也要魄力，要德治也要法治，要中国特色也要面向世界，要自由民主平等富强也要爱国敬业法治友善……时至二十一世纪，一个仁字，不够用。

简单地说一句，从孔子那边学做人，至今很棒；读读《论语》，保君击节赞赏，获益良多，无效保退。它有《处世奇术》（美国一本畅销书名）的精良，更有正心箴言的博雅，它是中华士子的"圣经"。

"仁乎远哉？我欲仁，斯仁至矣！"就算世上的事情没有这样简单，我们难道能够不为孔子的真挚而感动？难道我们能不听孔子的话寤寐以求地去思念天命仁德美好幸福，而是同流合污、堕入邪恶卑下丑陋肮脏吗？说心性之德"知行合一"（王阳明），乃至"知难行易"（孙中山），也出自这样的理解。

以《论语》治国，虽有美意，不完全灵。以"半部《论语》治天下"，则是故作惊人之语，是宋初宰相赵普向皇上推销耗子药的作秀姿态。

"礼失求诸野"。虽然中国历代统治者与士人并没有足够当真按孔子的教导治国理政——这一点读读四大才子书与各种"演义"便自然清楚，但孔子的教导仍然可爱得紧，恰恰是老百姓喜欢孔子的忠孝节义，地方戏、说书、民间故事大致都认同孔子培育美德、匡正世道人心的努力。人们极其重视分辨忠奸，直到追悼周总理、粉碎"四人帮"的时候，我们仍然感觉得到这样一种忠奸之辨的舆论如火如荼。人们厌弃卖友求荣、卖主求荣的投机分子——风派，人们认同和为贵乃至大事化小、小事化无，不赞成煽情折腾的政治讹诈"三种人"。人们不喜欢花言巧语、假大空的佞人，而是高看有一说一、实事求是的"老黄牛"。人们时时提倡孝道、仁义、糟糠之妻不下堂，厌弃翻脸不认人的暴发户。人们喜爱谦虚斯文，不喜欢咄咄逼人、仗势欺人的恶霸。人们喜欢知书明理的君子人，不喜欢蛮不讲理流氓相。人们赞扬勤俭刻苦，厌恶懒惰奢靡。人们赞扬清廉，蔑视贪腐，渴望包公，诅咒赃官。赞扬"涓滴之恩，当以涌泉相报"，深恶"卸磨杀驴""吃谁的饭砸谁的锅"的恶痞。看到以怨报德、下嘴咬向了东郭先生的中山小狼，人们不是嘲笑东郭的书呆子气，而是引出对于中山小狼的厌恶。街谈巷议、网络语言中常有古道热肠舆论出现。

海峡两岸，数十年来政治体制与发展进程相距甚远，但在认同传承传统文化基因方面，我们仍然是亲如兄弟。孔学对中华的影响，有一种超稳定性。

历史上，权力系统也渐渐品味到了孔子学说对于培养孝悌忠信、礼义廉耻、维护尊卑长幼秩序、维护天下太平的好处，意识到高举仁义为先的旗帜比任何其他旗帜更能感动中国。于是大成至圣先师，于是文宣王，于是玄圣素王，于是孔圣人，于是孔林孔庙文庙，从中国一直修到了东亚南亚。现在的孔子学院一直办到了欧美亚非拉澳。

把孔子搞得光照太强，太普及了，容易出现紧跟化俚俗化寻章摘句化皮毛化人云亦云化的毛病。庸才遇到至圣，头晕眼花，只有诚惶诚恐、三跪九叩、不懂装懂的份儿，却不能有所发展，有所创造，有所更新，有所前进。坏人遇到至圣，立马巧为利用，却根本不信不行不诚。其结果是抬了孔子，害了孔子。这也只能问责于后人而非孔子本人，孔子本人一再声明他不是圣人，"若圣与仁，则吾岂敢？"他说他不是"生而知之"。《论语》丝毫没有遮掩孔子吃瘪与被嘲笑指摘的经验。唐玄宗咏叹孔子"叹凤嗟身否，伤麟怨道穷"，而李白干脆宣称"我本楚狂人，凤歌笑孔丘"。他们都不是跪在巨人面前的侏儒。

孔子当年，或有栖栖惶惶的丧家狗自嘲，从更长远的历史来看，他毕竟是巨大的成功者，他的续斯文之余脉的历史使命其实是胜利完成了，辉煌至今，前无古人，好，后无来者，可惜。这可能与他提倡冲劲闯劲创新不够有关。他的斯文使命的完成仍然是当下完成，不是永远无虞，不是万能神药。

他的为万世开太平的理想虽则远未实现，但他为中华民族文化的构建与凝聚延续打下了基础。没有孔子所代表的斯文一脉，我们能过得去北方游牧民族入主中原的一关又一关吗？我们能过得去一八四零年后的"人为刀俎、我为鱼肉"（孙中山语）的生死存亡的考验吗？他的遗教当然不足以对付八国联军，但是他留下了理念与智慧，即使悲观者也念念不忘中华文明的伟大美好，即使"数千年未有之变局"（李鸿章）也还有不变的中国心,"夫子言之,于我心有戚戚焉"(孟子)。什么是这个"戚戚"呢?答:中国人的文化爱国主义!

一直到了二十一世纪,在经历了那么多质疑、反思、批判、攻击、嘲笑、抹黑之后,孔子仍然屹立着,美好着,可爱着,被关注着与被发挥着。而他并没有什么特殊的超人事功,只因为他坚持不懈,奔波劳碌,给了天地以心灵的爱憎美丑,给了一代代中国民人以价值向往,或有小疵,仍大可取。他扮演了几千年中国文明道统代表人物的角色,他成为中华文化的首要基因,固然难免某些元素发展成了有争议的转基因。他是今天仍要发掘汲取的重要民心民智资源。他生前身后,屡经危殆,大难不死,形象仍然纯粹干净,语言仍然精辟动人乃至精彩绝伦。谁能与他相比较呢?他靠的是人格和智慧,还有他的七十二位弟子。如果你用二十一世纪的CT机照准孔丘进行体检,找出来他的诸多令人痛心疾首的病灶,这又有什么可说的呢?难道不是他的历经两千五百年没有褪色的教益更令人惊喜吗?

我们在一九一九年有过振聋发聩的五四新文化运动。我们痛心于国家的积贫积弱,愚昧无知。我们迁怒祖宗,我们痛批中华传统文化满口仁义道德、一肚子男盗女娼的虚伪性，我们揭露《二十四史》的"吃人"本质，我们提出过打倒孔家店的革命口号。我们投身铁与血的革命。以毛泽东与延安为代表的革命文化在艰苦奋斗、英勇牺牲、壮怀激烈、勤俭节约、以民为本、自我批评、谦虚谨慎、顾全大局、忠诚老实等多方面继承并空前地发扬了传统文化的精华，而在阶级斗争的高潮中我们曾视"温良恭俭让"如草芥，视儒家为反动。正是狂飙突进的新潮，使我们的传统文化受到数千年来从未受到过、从而是最最迫切需要的挑战与冲击，受到了一次脱胎换骨的洗礼，孔子等诸子百家的学说置之死地而后生，我们的国家艰难困苦，玉汝于成，历经艰辛曲折坎坷，改革开放发展进步迈开了社会主义现代化的大步。

新文化运动与革命文化，也使人们看到了仅仅一个孔子的学说不足以完成提供中国现代化征程所需的精神支撑的任务，我们必须汲取数千年历史上的一切精华，更新完善我们的民主、自由、平等、法治、科学、真理、价值、方法论、逻辑学等诸种观念，必须汲取人类一切先进文化成果，必须汲取历史唯物主义与科学社会主义并使之本土化。不了解传统文化就不了解国情人心，脱离国情民心就必然碰壁。不改革开放发展现代化也只能向隅而泣乃至被开除球籍。

只有实现传统与现代对接，我们才能从容自信地面向世界，面向未来，面向现代化；从而超越百年煎熬，百年磕磕绊绊，做好中华民族的现代化转型；从而更好地传承、激活、革新与弘扬我们的传统文化、五四新文化与革命文化，拯救与优化我们当今无法不为之忧心忡忡的世道人心，创造建设当代生机勃勃的中华文化。

我们今天仍然提出以德治国与依法治国相结合的历史任务，我们越来越将弘扬中华传统文化的使命唱响。我们拥有五四新文化运动的成果，虽然走过不少弯路，我们珍惜人民革命的胜利，我们骄傲于改革开放、中国特色社会主义现代化的长足进展，乃有信心大谈"博大精深"其实曾经是困难重重的中华传统文化。这是中华民族的胜利，也是人类一切科学文化成果洋为中用的胜利，还是以孔子为代表的中华传统古为今用的成功，是我们的古老文化实现创造性现代化创新转化的胜利。

我们提倡传承与弘扬传统文化精华，不是为了复古或复"民国"，不是皮相地穿戏装背诵开蒙《三字经》，不是为了贬低新文化与人民革命文化，不是敝帚自珍、闭目塞听，不是只为了给儿童们弟子们立百依百顺的规矩，却忘记了更重要的是要让老板与家长们提高自身。我们要做的是充分发掘我们这样一个大国古国的精神资源，匡正与充实世道人心，使我们不仅在物质层面而且在精神层面全面丰饶、自信、心心连通，创造新的历史，实现中华民族的伟大复兴，当然也包括文化复兴与文艺复兴。

第二章　儒家精英主义——君子文化

一、君子小人之辨

长期以来，中华传统文化中的主流——儒家学派，强调中国特色的精英文化，对这种中国特色精英的说法，可以是"国士""士大夫"，可以是"大丈夫"，可以是"仁者""义士"，可以是"君子"。君子的对立面是小人。君子对比小人的说法在各界各地各群体中，最为脍炙人口，广泛流传。

君子小人，基本上不是一个阶级官职与经济地位的说法，而是一个对于教育教养、文明程度、品质内涵、精神素质的高低文野阔狭美丑的分辨。在庶民当中，"小人"云云，最多言其低下，并不意味着多么恶劣。孔孟都指出"言必信，行必果"是小人的特点，这里的小人指的是缺少更大的格局、更大的主动性、创造性、调整、应变与发展能力的普通人。

但在高层权力运作空间，"小人"之称就很可怕了。诸葛亮在《出师表》中指出："亲贤臣，远小人，此先汉所以兴隆也；亲小人，远贤臣，此后汉所以倾颓也。"小人的得计，被认定为后汉皇朝走向灭亡的主要原因。

二、君子的中庸之道

仲尼曰:"君子中庸,小人反中庸。君子之中庸也,君子而时中。小人之中庸也,小人而无忌惮也。"(《礼记·中庸》)

就是说君子是守持中庸之道的,小人是反其道而行之的,君子对于中庸之道,是时刻都在践行的,小人那里的中庸之道不能守持,因为小人是要胡作非为的了。

孔子等大儒提出了大量君子与小人的区别,如"君子坦荡荡,小人长戚戚""君子喻于义,小人喻于利",都比较容易理解,但为什么君子讲究中庸,小人反对至少是不守持中庸呢?

这是孔子等的一个重要发现。什么是中庸,中的含义是准确、合适,不过度也不折扣,不片面,不极端,毋为已甚。用今天的话说,是科学性、准确性,其义更近乎去声的"中",打靶十环的中。庸是正常、普通,是可用与有用,即有效性,务实性与建设性。君子是受过教育的,懂得自律的,有家国担当的。他们注重个人修养与思想境界,做事追求准确、适宜、正常、有效，防止使气任性、感情用事、夸张无度、过犹不及，毛泽东称之为：装腔作势、借以吓人。

这里说的肆无忌惮，正是由于小人言行没有尺度，没有标准，没有界限，没有底线，也就没有了原则，没有了掌控自律。就会是风、闹、震、哄俱全，与人为恶、浑水摸鱼、兴风作浪。

说到这里，此种小人说，或与如今的民粹含义有相通处，他们有一定声势，需要很好地对待与团结，他们常常有对于高大上者的羡慕嫉妒恨，而在所谓优胜者倒霉的信息中获得安慰、宣泄与快感。他们人云亦云、幸灾乐祸、添油加醋、唯恐高大上不长体癣烂疮。

君子小人的问题，是品德的问题，也是修养教化的问题。还是治理与用人的课题。想想两千多年前有关的一些说法，不能不佩服先贤的眼光与警示。

三、坦荡与戚戚

传统文化中关于君子与小人的辨析，表现了中华文化对于修身，对于人的自我修养，人的精神境界、精神素质、精神能力、精神内涵、性格完善直至心理结构的重视。也可以说那是古人注重各人的"内功"的表现。

如何区分君子与小人呢？如何看一个人的精神心理品质与结构呢？最简明、最形象、最通俗易懂的话，莫如孔子说的："君子坦荡荡，小人长戚戚。"就是说，君子充满阳光、表里如一、心怀宽广、实实在在，乐观开放，舒展自如；而小人呢，格局窄小、鼠目寸光、蝇头小利、阴暗狭隘、嘀嘀咕咕、心口不一、患得患失、期期艾艾——这四个字本来是形容结巴，这里是说小人没有礼义大道，话也说不出个名堂，只能结结巴巴、吞吞吐吐、磨磨唧唧，永远的苦恼，永远的冤枉怨毒，乃至永远的危殆恐怖与心慌意乱。

这是两种霍然对立的精神趋向、精神面貌，两种心态与表情。君子与小人，另如白天与黑夜，他们应该是视而能见、闻而能觉、极易分辨的两类人。后者是一种怀疑性、敌视性、恐惧性、迫害性的准精神病态。它会影响一个人的心理健康，影响一个人与社会与公共生活的关系处理，造成与他人关系的恶化、虚伪化，影响一个人三观的健康与积极，会使这样的人成为家国族群乡里的消极元素。

为什么君子坦荡荡呢？关键其实是君子的文化自

信。自己想得正，反应得正，判断得正，包容、承受、回应、反制得都有理有利有节，合道合理、合乎文明规范，大大方方，这样，他不论遇到什么困难挑战，他都处于主动地位，处于不败情势，处于堂堂正正、风正帆高悬的状态。

而小人的戚戚忧伤呢，孔子、荀子都说了，病（患）根子在于患得患失、疑神疑鬼，自己欲求的私利没有得到，小人为贪欲不得而憋屈，煎熬受罪。得到了私利，如官职名利，又怕保不住失掉夺走，更是捉襟见肘、动辄告急，比没有得到私利时更不放心，更加煎熬难受。

这要认真选择了。君子一身正气，光明正大，坦白公正，小人洋相出足，漏洞百出，苦不堪言，自寻烦恼。何去何从，还需要多说吗？

四、君子和而不同

孔子说："君子和而不同，小人同而不和。"

这两句话准确有力、深刻隽永、生动传神、无与伦比。

"同"在中华文化经典中是一个极好的字眼,首先,大同是政治理想的终极高峰,世世代代,各种群体与个人几无异议。二是墨子的学说首推尚同,含义是各色人等特别是社会精英要趋同向同认同于天子,天子的一切言行治理决策要趋同向同认同于"义"——公认的方向、纲领与原则,天子的义,还要趋同向同认同于天——天命、天道、天心、天意、天良。这里的"同"是至高无上的一个字——词儿。三是同心同德、同甘共苦,二人同心、其利断金,这样一些德行口号、俚语,说明趋同向同认同有利于万众一心,成功成就。

还有,一般地说,"同"在汉语里有共同、相同两个主要含义。共同,在英语中一般讲就是 common,它是公共、共产主义、共产党人、公社的词根,对于今天的中国是一个须臾不可离开的字。但世界大同一词,不译作 great common,却译作 great harmony。而 harmony 如果译成汉语,则是和谐和穆一致融洽的意思。也就是说英语中的和谐和穆,透露着既是和中有同,又是和中有不同即和而不同的意趣。

像孔子这样地提出什么什么不同来的,在中国古代儒学经典中相当少。为什么是和而不同，为什么君子会和而不同呢？又和又同岂不更好？

这个"不同"里的"同"字，与大同、尚同里的"同""同心同德"里的"同"字——即作"共同"讲的"同"字有所不同，它指的是"苟同"。即"不恤乎公道之达义，偷合苟同"（汉·韩婴《韩诗外传》）。是指无原则的、轻率的、不负责任的、有时是虚伪的表面的相同赞同。很简单，君子是有教养有责任感有原则的，他的准则是义与天，用今天的话来说就是方向纲领原则与历史的客观规律的共同性，为了修齐治平，为了孝悌忠信礼义廉耻，他们要时时追求最好的选择与应对，同时，各人背景学养性格思路角度各有不同，叫作"人心不同，各如其面"，有某些不尽相同的想法、习惯、说法是难免的，但同时他们具有大方面大纲领大原则的一致，三观与文化道德的一致，所以即使有所不同，也是和谐和穆的，是和中而有大共同的，是能团结能合作能同心同德地共同做事的。

和而不同，通向光明正大，坦诚相待，通向诤友益友，礼义为先，通向各尽其能、各任其职、各尽其力、各问其责；也通向矛盾统一法则，通向"实践论"与"矛盾论"，通向交流、互补、双赢，通向多元一体的中华文化观，通向协商民主与民主集中的理论与实践，当然，更是通向百家争鸣与百花齐放，通向交响乐与大合唱。

而小人同而不和呢，就更绝了。想不到孔子两千五百年前的判断，竟然能从革命现代京剧《智取威虎山》中"座山雕"山头的人际关系与一些国外描写黑社会的故事影片中找到例证。小人同盟，建筑在一己的利益追求上，狭隘偏私，违法乱纪，狐群狗党，酒肉朋友，口蜜腹剑，互相利用，好的时候如胶似漆，一旦反目，活活吓死人。堂堂孔子，温文尔雅，怎么会明白这类低俗苟且的玩意儿的呢？

五、君子反求诸己

孔子说："君子求诸己，小人求诸人。"

一件事情办好了，一个机遇出彩了，一样成绩成功与彰显了，靠的是什么呢？

一件麻烦挡路了，一个不实的说法给你抹了黑，一个你本来认为你做起来必成无疑的差事，你没有机会了，你受到误解或冷遇了……怎么办呢？

孔子说，如果你是君子，机遇来了，你首先要考虑自己准备好了没有，自己的德行、学识、本领、功夫，过不过硬，能不能胜任乃至游刃有余？你有哪些不足短板需要立即弥补乃至"恶补"、需要调整匡正、需要充实提高？你需要沉下心来，端正态度，给自己出考试题、留作业；而绝对不允许心浮气躁、自吹自擂、得意扬扬、皮毛卖弄、谋取私利。一切机遇、一切成绩，是光耀，也是危殆，是阶梯，也是陷阱，不容你掉以轻心、形式过场、误国误民，坑人坑己。

遇到不顺、失利，君子会先想到自己的责任，自己的不可能完全没有的缺失、失误、大意失荆州、昏着出洋相，然后总结经验教训：人非圣贤，孰能无过，过而能改，善莫大焉。你要坚持真理修正错误，要知之为知之，不知为不知，实事求是，屡败屡战，步步提高，争取改进。

而如果是小人呢？好事坏事，他想到的是背景，是他人，是一切借助权势幸运关系学，是人为地拔高自身，是紧跟贵人以求援手，是"他爸爸"是"李刚"，"我"得想办法找到"李大刚"干爹施恩。小人本人没有一技之长，不学无术，手里不出活儿，还要伸手讨要，因人成事，厚颜少耻，磨磨唧唧，不知自重。

小人的世界观也是"求诸人"三个字。小人"观世界"都从最下等最低俗角度入目，小人"想世界""认知世界"都遵循极粗俗卑下的利益逻辑。沉浮上下，成败利钝，功过是非，在小人看来，都决定于背景运气他人关系学。好事成就，都是夤缘时会、攀附高枝，三亲六故、山头同乡、利益输送的果实。而坏事出错碰壁，则是轻忽得罪、八字荒唐、拜谒非人、怀玉不遇的结果。我这里没有用"怀才不遇"的成语，因为小人们自己也知道，他们无才，他们确实无才无善可陈。而他们的"玉"，不过是钻营投机的鬼机灵而已。小人的特点，是除了不在自己的德行知识、业绩修养、踏实苦干上使劲以外，什么都吭哧吭哧，邪劲用足，废话说够，一事无成，徒添丑态。

那么应该怎样做才是君子之风呢？这方面的意思，传统文化中多以"反求诸己"四个字来表达。反过来说，小人是求诸人的，人生在世，对环境，对他人，对出身，对领导，对部属，乃至对原籍、原校、父母师友、对天时地利人和，都会喷有烦言，嘟嘟囔囔，自己各方面越差，不满就愈多。小人的一切挫折，他们都归咎他人。

"反求诸己"为什么是君子的特色呢？能担当、能自谦、能改过、能学习、能提高、能操作，不论做什么，靠自己的真人品、真本事、真奉献、真格的。即使在困难条件下，乃至在逆境下，仍然坚持行有益有用之事，做有益有用之人，说有益有用之话，读有益有用之书；能坚持、能再战、能胜利，能面对真实、严于律己；不怨怼、不消极、不乱喷、不泄气，更不咬群，不制造事端与分裂混乱。这当然是君子。人民也好，上级也好，归根结底，肯定赞扬的是求己律己的君子，而不可能是怨天尤人、平添晦气的小人啊。

第三章 人性·民心·天意·精英主义

一、亚圣孟轲

秦始皇统一天下后,"焚书坑儒",表现了他对儒家的厌恶,那是由于,儒家的泛道德论、泛善论、为政以德论、齐之以礼(用礼法规范天下)论、君子一士—精英主义、中庸理性主义、圣人乃百世之师论、民贵君轻论……客观上形成了对于君王权力的文化监督、道德监督。儒家的摇唇鼓舌、指手画脚、自命优越、用理想修理现实,令沉迷于大一统的权力与事业的嬴政皇帝反感万分。

但后来的皇帝、朝廷、儒生、乡绅,一直到百姓民间,渐渐接受了儒家的优显地位。因为儒家自好学孝悌始,到治国平天下终,说法正当、顺耳、简明、容易接受,即使不完全做得到也比没有这样一个美好通俗的学说好。而且,除了用这样的学说吹吹民心民本性善仁政以外,用别的学说就更无法让百姓们听着舒心放心。法家学说是君王听着舒服速效,百姓听着肝颤。道家学说是抽象思维的胜利,通向宗教、玄而又玄、众妙之门,伟大而涉嫌玄虚与故作逆反。墨家投合志士,名家投合思辨拔河,都没有儒家的广博平易诚恳亲切。今天的学界对于董仲舒是否原汁原味地提出过"罢黜百家、独尊儒术"有不同看法，儒家学说汉武帝以来地位飙升，渐渐达到了罢黜百家与独尊儒术的局面则是事实。而儒家的代表人物自然是大成至圣先师孔丘，后世又加上了的是孔子死后百年的战国时期亚圣孟轲。

亚圣的地位有难处。一概拷贝孔子，失去存在必要；与至圣先师各说各的，平分秋色的可能性不大，被攻评为标新立异与"机会主义""修正主义"的危险则大为增加。比先师说得和缓温暾，等于有气无力，在弱化原创理论。说大发了，好像是危言耸听，夸大其词，或者是孔子一言抹杀了的巧言令色。

首先从文风话风上看，孔子各方面论述恰到好处，春风化雨，亲切自然。一上来就是"学而时习之""有朋自远方来"，何等地安稳熨帖。而孟子一起头选择了"何必曰利，亦有仁义而已矣"，树起了利与义二分法两大阵营，而且他强调义利二者不可得兼，就像吃熊掌就别吃鱼，吃鱼就不准吃熊掌一样，只能"舍鱼而取熊掌也"。这还不算完，一直发展到后来，达到"生"与"义"的不可得兼、达到舍生取义的壮烈。孟子的不妥协性与尖锐性彻底性振聋发聩。

二、义利分明

孟子的义主要是指义理，指内涵，即大道理，大原则。舍掉利，坚忍质直义，用今天的话来说就是不能用原则做交易，小道理必须服从大道理。孟子的话是"上下交征利，而国危矣"，此话值得回味：一个权力系统，如果追求的是具体的形而下的利益，后果不堪设想，原因很简单，利与利有时相悖，不同的人、家、国、天下各有其私利，争利的结果会是天下大乱。

但今天的人们明白，除了私利，还有国家、人民的利益，利益是有最大公约数的，我们今天的说法是最大多数人民的最大利益，这个说法比舍一取一说更智慧也更宏伟一些。大道理与大功利是分不开的。过分强调义与利势不两立，其后果是给人以孟子"迂远而阔于事情"（司马迁《史记·孟子本传》），即是孟子的理论理念距离实际的治国平天下与社会引领构建，距离阔大，讲论迂回绕远，不切实际。

孟子突出了以圣贤为己任的亚圣贤准圣贤人格的坚强、浩大与光耀。叫作"我善养吾浩然之气""至大至刚"，这是那个时代的修身——苦练内功。一说养气，还令人联想到养生、养身、养颜，与气功、练气、补气血、养正气、阳气；从理论纳的主张与讨论旁及于性格培育、身体锻炼、心理健康、人格风度精气神的结构与实力。

可以理解，亚圣往往会比至圣多一点锋芒，这才可能使自己在既非新出锅，而且仍然是百家争鸣、莫衷一是的局面下坚持响当当的气概。斯大林比列宁更严厉，切·格瓦拉比卡斯特罗更彻底。孟子比孔老爷子读起来听起来更盛旺泼辣强硬。

《孟子》一书中，"王"字出现凡322次，"天"出现287次，"民"209次，"君子"一词83次，士"87"次。王字最多，因为他致力于为王者师，谈王论王，有时也见过、教训批评过很多侯王，获得过、或拒绝过他们的馈赠。"后车数十乘，从者数百人"，社会地位、政治地位与生活待遇不低。虽然有过与齐王如何见面之争，有"既然您称病不过来，我也干脆称病不过去"等躲来藏去的捉迷藏游戏，未见过孟子遭遇过类似孔子厄于陈、蔡的窘态。从境遇来说，孟子比孔子牛气很多。用当今语言来说，以二圣在世时的状态相比，孟子的气场比孔子还大。

而且孟子有理论，引用曾子言曰："晋楚之富，不可及也。彼以其富，我以吾仁，彼以其爵，我以吾义，吾何慊乎哉？"也就是说，以自己的文化资源、道德资源，向权力资源与财富资源叫板逞雄，义行天下，不畏权与利。

应该说，孟子的以仁与义、道德与原则、人格与气场，意图与诸侯君王财富爵位叫板的姿态，堪称雄壮豪迈。应该说，这是中国古代社会除了权统法统还有道统文统，除了封建专制的硬实力以外还有德与礼的软实力，除了帝王侯王公卿朝廷的群权以外还有"莫道书生空议论，头颅掷处血斑斑"（邓拓《过东林书院》）的士大夫群体，亦即貌似不受监督的中国封建主义君权，实际上仍然时而需要面对圣人传承下来的、以儒家为主导思想的谏议之风、士大夫之精英群，还有整个朝廷在君君臣臣礼义规范方面的共识的约束。

中国古代，圣王、明君、英主，并不占多数，能够为所欲为、倒行逆施、穷凶极恶、不惧天怒人怨的桀纣式昏暴之君也为数很少，而更多的是地位极高、特权极多、仍然要适应哪怕是对付儒学的圣贤仁义道德礼数、而个人奇葩难以尽兴的君王最多。读一下黄仁宇的《万历十五年》，里面就会讲到皇帝举止动辄被一群老臣约束的记载。电影《末代皇帝》中，时有小小宣统的童年欢乐被朝廷规矩压制毁灭的细节，而卜键著的《明世宗传》中，可怜的明世宗需要将自己的、已故的伯父明孝宗叫"皇考",而称呼已故的父亲兴献王为"皇叔父",将武宗的母亲张太后叫"母亲",称自己亲生母亲蒋氏为"叔母"。为帝一世的明世宗两个心愿,一个是想使生身父亲获得皇考即太上皇的正规头衔,一个是想更改太祖朱元璋遗留下春季祈雨两次的风俗。他终其一生,用尽一切手段包括屠杀反对派,这两个心愿都因不合朝廷礼法而不可能实现。

三、从民本到精英

《礼记·儒行》:"儒者可亲而不可劫也,可近而不可迫也,可杀而不可辱也。"《孟子·离娄下》:"孟子告齐宣王曰:'君之视臣如手足,则臣视君如腹心;君之视臣如犬马,则臣视君如国人;君之视臣如土芥,则臣视君如寇仇。'"孟子鼓吹:"大丈夫富贵不能淫,贫贱不能移,威武不能屈。"他像鼓吹性善、尚义一样地鼓吹圣贤、大人、君子、士、大丈夫等说法不一的社会精英、社会贤达(此四字头衔一直用到民国)的地位。

孟子的观点，不能仅仅是权力至上、君王至上，而是要在"天"与"民"至上前提下，要认真宣扬明确显现出来的可操作的抓手：那是精英至上。

除"君"外，《孟子》中讲得最多的是天，天是自然的存在，也是至高至上至大的巅峰——神性的终极。孟子认为"民为贵，社稷次之，君为轻"，原因是"天视自我民视，天听自我民听"，到了小说《李自成》那里，便是李的智囊牛金星所言："民心即是天心。"在民与天中画一个等号。确实如此，天子皇帝再伟大不过一人，最多是称孤道寡，其字面意义未免可怜，他的古风全在于民心的拥戴与畏惧，制造畏惧，当然又比获取拥戴更好操作，但畏惧产生的服从效用，又孕育了载舟过程中包含着的一朝覆舟的危险。为此，孟子向君王提出了适当敬臣、敬士、尊重与团结大丈夫、君子、社会精英社会贤达的建议。

这里的"天民合一"可能比"天人合一"更富挑战性。"天民合一"挑战的是不行使仁政的君王权力，"天人合一"针对的则是人类面对天道与自然的异类感：包含着怨艴、畏惧、悲叹、匍匐与胡作非为。

然而天无言，民是无序乃至无端（头绪）的，对于天与民的高度尊重，只能体现在君子、精英、士们的贤明与品德上。"君子所以异于人者，以其存心也。君子以仁存心，以礼存心。仁者爱人，有礼者敬人。爱人者，人恒爱之；敬人者，人恒敬之。"《离娄下》中孟子此言，告诉我们，还是要从君子之心中探寻仁、礼、爱、敬的天道天威与民心民意消息。

孟子认为圣贤谱系大致是"由尧舜至于汤，五百有余岁……由汤至于文王，五百有余岁……由文王至于孔子，五百有余岁"，孔子不是天子君王，但是与唐尧虞舜夏禹成汤文王平起平坐，而且，孟子说"孔子之谓集大成。集大成也者，金声而玉振之也。金声也者，始条理也；玉振之也者，终条理也。始条理者，智之事也；终条理者，圣之事也"。孔子最伟大，圣贤最伟大，仁义爱敬智圣最伟大，王道最伟大。孔孟虽然没有机会王天下，但他们提出了可以"王天下"的王道，叫作："乐以天下，忧以天下；然而不王者，未之有也。"还有"仁者无敌"与"保民而王，莫之能御也"。这几句话精辟高尚关键，有点一句顶一万句的意思。乐以天下，忧以天下，也就是说皇帝君王没有私心贪欲，没有得失计较，没有狭隘盘算，没有怀疑嘀咕，只有爱护天下民人之心，让民人安居乐业，乐其家园，乐其国土，乐其生活之福，同时，帝王要为天下民人担忧，天灾人祸、外敌入侵、内乱形成、生事生变，都会损害民人生活的幸福美好，帝王需要为之殚精竭虑，预谋筹划，及时应对，既然"国家兴亡，匹夫有责"，那么就更应该看到，匹夫苦乐，国家有责，帝王诸侯公卿有责。

"仁者无敌"四字，一字千钧，社会的情况是复杂的，历史的变动也极复杂。庄子讲"为善无近名，为恶无近刑"，尽管古汉语专家可以分析解读，这十个字并无做好事未必很快得到褒扬美名、做恶也未必很快受到惩罚之意，但是你再渊博精彩地分析此话应是行善不要求名、做不做恶也必须超越对于惩罚风险的成本预计，或者其引申的含义是获得美名不一定有多么好（善），获得惩罚也未必有多么糟糕（恶）——就算是庄子原义多数人无能确定也罢，善无好报、恶无恶报的某些感受、牢骚、怨尤、愤怒存在于不少人心中，则是不争的事实。解读庄子不准确的人可能对社会与人的命运有所不满，乃有天网不公、善恶未报之叹，这是完全可能的。

但孟子的"仁者无敌"之语，如惊雷闪电，划破夜空，扫荡黑暗，让善良的人们眼前陡然一亮，只觉青天在上，天道有情，人间有义。从根本上说，从最长远的意义上来说，生产力总要发展的，生产关系随之是要有所变化的，社会的发展线并非直线的单一的向上与进步，向上与进步的发展也都是会付出代价的。但从全局看来，总体看来，社会的发展也并非走向毁灭，走向地狱。当年罗马尼亚共产党的纲领中就提出一条，叫作历史乐观主义。公平、正义、幸福美好的生活，利人利国利民利社会，是绝大多数常人的追求。与人为善之好心好事容易得到好的回应，与人为恶之坏心恶行容易得到坏的回应。助人者人恒助之，害人者人恒恶之，这应该无疑问。但为什么仍然有善无善报恶无恶报的激愤报怨呢？这只能用概率论／大数定律来说明：人类实践经验证明，一次实验会出现或不出现随机的非大概率结果的可能，但当这种实验重复次数越来越多时，随机结果出现的频率趋于一个稳定值。而不同的、反复多次实验的、属于大概率结果的反复出现，也会愈益稳定地出现一个平均值。简单地说，善有善报恶有恶报的概率，比善无善报恶无恶报的概率要大得多，但由于社会与历史事件的因果关系的复杂性，动机的善恶并不就是出现正面结果的充足条件，仍然会在一个小数值实验与短期过程中产生随机出现的非大概率结果。这些都是可以以数学公式列式计算出来的。得出仁者无敌的正面结论的前提是"风物长宜放眼量"（毛泽东《七律·和柳亚子先生》），放眼就是长期，长期是大数，短期是小数，长期了才符合大数据的合理的稳定值。而"牢骚太盛"("风物长宜放眼量"的上句诗)到肠断的程度，就无法体现大概率的稳定性了，带有难以避免的偶然性。

除了数学的大数定律，还有哲学的辩证法。善恶好坏，矛盾的两个方面是会互相转化的，好有好的成果与好的代价，坏有坏的恶果与逼迫出来的转机。在社会与历史面前，天真烂漫地追求一味地美善温馨，那是幼稚。孔孟大讲性善与仁爱当然可爱，荀子讲性恶，老子讲"天地不仁"，也有它的警醒性、深刻性与高端性。

四、关键在民心

孟子说："桀、纣之失天下也，失其民也；失其民者，失其心也。得天下有道：得其民，斯得天下矣；得其民有道：得其心，斯得民矣；得其心有道：所欲与之聚之，所恶勿施尔也。"

这也是古代的民本主义，以人民为根本，我们至今也不能忘记，要让人民满意，让人民高兴，让人民赞成，以此作为衡量工作的标准。人民喜欢的，要给他们积累成果，人民厌恶的事，不要干。孟子说得简明通顺，当然分析起来还得多费点劲。这一类的命题，你会觉得孟子正道，讲得简约得相当纯洁，他的文化理想主义与道德理想主义，讲得到家。人性向善，人心思善，君王为善，就是仁政，就能建成人间乐园，直到"与民同乐""俊杰在位""省刑罚，薄税敛，深耕易耨"，还有"市廛而不征，法而不廛，则天下之商，皆悦而愿藏于其市矣。关，讥而不征，则天下之旅，皆悦而愿出于其路矣。耕者，助而不税，则天下之农，皆悦而愿耕于其野矣"……给人的感觉是孟子要权力系统提供货场、管理、稽查、服务支持，不征税赋。

这样，其时一方面是春秋无义战，到处是争权夺利、阴谋诡计、血腥屠戮、枉费心机、国无宁日；一方面是个个仁者无敌、莫之能御、天下归心、轻而易举。孟子的名言："老吾老以及人之老，幼吾幼以及人之幼，天下可运于掌。"（王蒙按：我在少年时代一接触到"共产主义"四个字，脑子里出现的就是"老吾老以及人之老，幼吾幼以及人之幼"十六字真言。）这里的关键是"以及于人"，孔子当年说的是"己所不欲，勿施于人"，孟子说的则是，为自己做的有利于自己的事情，全部要为民人做到。十六字做到，万国一家，万民一体，不是人间乐园还能是什么？

孟子认为实行王道而不是霸道，恩被百姓而不是祸害百姓，其实很容易做到，犹如"为长者折枝"，绝对不是"挟太山超北海"，君王们没有去做，完全"是不为也，非不能也"，关键只在一念间。

孟子引用孔子的话说："道二，仁与不仁而已矣"，此说干脆利落，简明浅显，说得极其便利，实际上没有这样明白。帝王将相、名公大臣，都重视争权夺利，而且都认为有权才能实施仁政、造福百姓，有利才能爱民如子，使民人"仰如父母"，实际上呢，争得尸横遍野，民不聊生，根本没有了义战，义更多地出现在口头上。咋办呢？

孟子提了许多争取人心的建议，首先是反战。他说："故善战者服上刑，连诸侯者次之，辟草莱、任土地者次之。"说是应该施以刑罚对待打仗、"外交"、开疆拓土的能人们。他还建议：例如王者修园林，应采取开放态度，"与民偕乐，故能乐也"，他说当年文王的灵台鹿苑就是这样的。他提出了做好农民土地的经界、不违农时、捕鱼不入洿池即大水池，保养资源环境、伐木也要遵守时序的要求，说是这样做了就可能丰衣足食。换句话说，百姓所以不能温饱，正是由于权力系统的营作不端，破坏了生产的正常时序与生产环境。他还提出薄赋税，乃至免税。再一点就是孟子的这些说法施仁德于自然界，于鱼与树木，这与《论语·述而》上说的"子钓而不纲，弋不射宿"一样，合乎生态上环境保护的一介先进观念。

这些话说得很中听，但实际难以做到，孟子的愿景是由某个侯王建立一个人间天堂人间乐园，然后是百姓们载歌载舞、欢呼雀跃而来。再说是先建乐园然后"王天下"即把握天下权柄，还是先把握了权柄"王"了天下才能修建出一个人间乐园来呢，这也是一个容易扯皮的、歧义异议话题所在。

这里有中华文化的思想方法，尚同尚一尚朴尚整合，我称之为"泛一论"，即认定千万概念中有一个最基本的概念，主宰一切，一通百通，它是中华的概念神祇，是中华宗教情怀的文化化与道德化。泛善论、泛一论与泛化论，是中华文化的"三泛"特色。对于孟子来说，泛一就是泛善，必须加上随时调整变化的泛"化"才能解释大千世界的种种变通与不一。

用简明善良的思路普及全民，教化全社会，求其大数定律，求其大概率大数据的善善恶恶吉吉凶凶，世上总会有些不合正义不合逻辑不合大概率的事情发生。不能以此为据说事。我们的教化只能是仁其仁，不仁其不仁，王天下，坚持王道，不搞霸道，不搞不仁，这当然有其可取与有效的一面。

五、孔孟是不是复古

孟子是言必称尧舜——仁政，孔子是梦欲见周公——重建"郁郁乎文哉"的礼乐之邦。这与其说是复古，不如说是怀念中华文明的奠基——启蒙阶段，恰如一个人在躁动焦虑哭哭闹闹的青年时期回忆向往自己单纯快乐的童年。草创阶段，百废俱兴、百事最美、人情天理、中规中矩、新鲜活泼，正是尧舜汤禹文王时期的特殊魅力。然后日复一日，年复一年，文明使生活规范，规范渐渐变成淡漠，引起逆反，英雄（枭雄）不畏也不全信规范，他们懂得了使规范为己所用。文明使生活文化、雅化也使生活啰唆、形式主义，发展下去，某种文明成为桎梏，文明异化成为幸福与人性的对立面。美好的语言与意向温暖人心，时间长了美言变成套话空话，好心变成作秀，礼仪变成虚与委蛇，仁义道德变成幌子（到了后世，鲁迅揭露说传统文化在仁义道德字样的夹缝里写的是"杀人"二字）。一种文明、一种体制、一个朝代，在它的初始化阶段大多是生机勃勃、引人入胜、万民欢呼；而过了一个时期，各种僵化、老化、空化、异化、腐败与病毒入侵的现象渐渐滋生，甚至成为痼疾。于是不失其赤子之心的孔孟竭力要求回到唐尧时代，而庄子要求干脆回到更古老得多的前神农时代，老子的希望则是人人回到婴儿时期，老子要问的是人们：你们还"能婴儿乎"？

这里复古怀旧是现象，批评现实、要求调整变化、因应挑战、恢复活力、重新从零开始做起才是实质。哪怕二位圣人加上太上老君（道德天尊）——老子、再续上南华真人——庄子，他们并未意识到这一点也罢。

这样，孔子认为自己是西周文脉的最后唯一代表，他如果遇难，就是"天丧斯文"。孟子则深深意识到他是孔子后的文化——政治——救世——天命的担当、继承人，他是后世"集大成""金声而玉振"的代表。

六、对精英的期许

他要鼓励自己与自己的门徒,还有自己一类的、大体上是以自己为带头人的社会精英群。

这样的精英,"故天将降大任于是人也,必先苦其心志,劳其筋骨,饿其体肤,空乏其身,行拂乱其所为,所以动心忍性,曾益其所不能"——不是一般人。

这样的精英,"说大人,则藐之,勿视其巍巍然。堂高数仞,榱题(房椽子端头伸出)数尺……食前方丈,侍妾数百人……般乐饮酒,驱骋田猎,后车千乘,我得志,弗为也。在彼者,皆我所不为也;在我者,皆古之制也。吾何畏彼哉?"——干脆要藐视权贵,牛气自身。

权贵们的骄傲是堂高、大房沿、食品堆积、侍妾人多、伴奏饮酒、骑马狩猎,这些豪华的物质享受,孟子表示藐视。孟子得意的是他遵守与获得的古制,是开创时期的欣欣向荣、恭敬诚谨的一切规章制度。

孟子还发明了天爵人爵之说:"有天爵者,有人爵者。仁义忠信,乐善不倦,此天爵也。公卿大夫,此人爵也。古之人修其天爵,而人爵从之……"用今天的话说，一个人本身的精神境界品格智慧与能力是天给你的级别，闹个什么职衔，则是人事部门定的级别。人应该努力去修养自己的境界能力品格智慧，级别待遇则是捎带手的事，不能反过来，靠级别树威信，靠级别显品德与才能。这话对于今天的中国，太合适也太必需了。

人爵天爵之说，与权统道统、法统文统还有学统之说可以互文互通。中华文化既是极端重视皇权王权统治之权的，又对于以权掌权以势掌权以力掌权的不足，有所感觉、有所警惕、有所担忧。儒家以德以仁以义以文化教化，道家以道以天以自然，意图为封建权力打些补丁，加些润滑，加些软实力，有所弥补有所匡正有所文明化。

他说："如欲平治天下，当今之世，舍我其谁也？"认识与担当，毫不含糊。他说："万物皆备于我矣。反身而诚，乐莫大焉。强恕而行，求仁莫近焉。""皆备于我"，与其说是主观唯心，不如说是对于天人合一的信仰，善德即是人性，人性即是天性，人心即是天心，人道即是天道，只要不受后天的异化与"非人""非仁"的恶劣影响，推己及人，推己及物，推己及天下，推己及万物，其乐莫大，求仁莫近。一个仁一个乐，便是天道，便是人性的根本。

这样的精英不但不是白吃饭的，而且是起着大作用的。孟子曰："君子居是国也，其君用之，则安富尊荣。其子弟从之，则孝悌忠信。'不素餐兮？'孰大于是？"

这样的精英要求尊重礼遇，高看自己。"古之贤王好善而忘势。古之贤士何独不然？乐则而忘人之势。故王公不致敬尽礼，则不得亟见之。见且由不得亟，而况得而臣之乎？"——要乐而忘势，"乐"是满足与自信，"势"是权贵乃至君王的权势。占有权统势统的人如果对贤士缺少足够的礼敬，想多与贤士见面都是不可能的，更谈不到让贤士做你的臣子了。孟子的理论给力，但中国的后世，精英们的处境与自我感觉少有这样完满自信的。

尤其是："君之视臣如手足，则臣视君如腹心；君之视臣如犬马，则臣视君如国人；君之视臣如土芥，则臣视君如寇仇。"孟子此言，带几分狠劲！

精英们做了君王的臣子，仍然要求双向的尊重与忠诚，而不是单方面的"罪该万死"与君王方的"口含天宪"。孟子甚至提出来，"贵戚之卿""君有大过则谏，反复之而不听，则易位"，他认为贵族精英圈子中，可以因君王的过失而更换之，搞得"王勃然变乎色"。一直到后世，明太祖朱元璋，仍然不能接受孟子的这一类说法,他把孟子逐出了孔庙,又搞什么《孟子》删节本。

孟子对权力的担忧、不放心,还在于他的这一段令人喝彩的警世通言:"入则无法家拂士,出则无敌国外患者,国恒亡。然后知生于忧患,而死于安乐也。"好厉害!常人常士要的是天下无事,四海升平,孟子偏偏反其道而说之,没有了刚正不阿的臣子,没有了直言不讳的辅佐,没有了外邦的敌对势力,没有了挑战与施压,根本感觉不到内忧,也觉察不到外患的诸侯国家,更可能是灭亡。

古人的一个重要说法是"殷忧启圣,多难兴邦""艰难困苦,玉汝于成"。国人的人生观直至兴亡历史观中,都有一个深刻悲情其乐观。从孟子的"生于忧患,死于安乐",到范仲淹的"先天下之忧而忧,后天下之乐而乐",称得上是语重心长,境界高蹈,志气弘毅,超凡脱俗。

当今已经有这样的科学家提出,不仅政治上人生经历上如此,不能幻想一帆风顺,不能幻想百战百胜,遇磨难遇逆境不但不能惊慌失措、悲观失望,而且要懂得一切成绩都以你克服困难的坚强与智慧为前提。各种生物物种也是如此,越是创造与完善一批动物的生活环境与生存条件,使它们不必为饮食栖居躲避天敌保全生命而努力，这样的动物最后会走向灭亡。孟子两千多年前的这段发现与讲述，一语说穿，一针见血，见人之未见，言人之未言，太惊人，太伟大了。

这倒有利于我们理解：儒学不简单，传统文化不简单，它说了许多今天觉得是常识以内的话，但又说了许多超越常识、独到之明的创见卓见神来之见。它有自己的悖论，有自己的自我争执自我调节的思辨空间，有自己的发现发明质疑与做出新展、新突破的能力与动力。

七、中国特色的权力与意识形态平衡

看来，孟子希望能以文化、道德，与文化道德的体现者、具有话语权优势的圣贤、君子、士们，与掌大权却又无义战、有时候"有道"有时候无道、有时候被负载、有时候被颠覆的帝王诸侯君王之间取得某种平衡。

孟子这个希冀很难说做得怎么样，但是比完全没有好。即使如传说朱元璋读《孟子》时说过"'臣视君如寇仇'之说不宜",孟子的狠话还是传了下来,没有谁敢在上朝的时候念这个狠语,但是一个臣子会没事偷着念叨,多一条思路。自古以来,有伯夷、叔齐这样的不合作,有从比干到海瑞这样的坚持批评意见的死谏派臣子,有一次又一次的改朝换代。孟子的思想为中国古代的政治生活保留了活气正气,也承认了即使封建专制之中仍然存在的缝隙与可能性。

泛一中仍然存在着二:义与利,彼与我,君与臣,仁与不仁,敬与不敬,礼与非礼,有正就有反,有阳就有阴,有此就有彼。这是源远流长的中华辩证法,早在欧洲的辩证法出现之前。

孟子是讲天下定于一的:"'天下恶乎定?'吾对曰:'定于一。''孰能一之?'对曰:'不嗜杀人者能一之。'"这当然是很明显的。

这个话里有几分嘲弄讽刺,只不嗜杀人,一个诸侯君王就能"王天下"。春秋战国搞了三百年,秦始皇之前哪个侯王也没有能王天下,按孟子的逻辑,看来此三百年间定是所有君王都有杀人的嗜好啦。最后统一天下的秦始皇,更不是不嗜杀人的仁者,虽然他的历史地位不能否定。

还有万事万物,不是定于一就终结(如所谓"历史的终结"）了，定于一必然就有二有三有多，有一生二二生三三生万物（老子），有一的一切，一切的一（郭沫若、《华严经》），有杂多、差别、统一（黑格尔）。你"不嗜"杀人了，意即"总是要杀一点人"，并不是根本不杀人，只是不嗜杀忒多的人；你与那个被杀的人仍然"一"不到哪里去。还有，你不嗜杀人了，有嗜杀的怎么办、嗜杀者恰恰要杀你怎么办？伟大仁德如孔夫子，上任七天就把与他同行办学的少正卯杀掉了，后世对此的说法就颇"不一"。民、社稷、君的贵与轻的说法也不是绝对定于一而恰是同时分为三的。一与多，个中有很妙的学问。

八、性善论的根本性与信仰性

这样的话，孔孟儒家的坚决主张与高度自信，靠的是什么？曰性善。性是人的根本，是人与兽的区别所在，是天意天命，性就是天。孟子说："人之所以异于禽兽者几希，庶民去之，君子存之，舜明于庶物，察于人伦，由仁义行，非行仁义也。"孟子认为人与禽兽的区分只不过有那么一点点。普通百姓也许忽略了、遗忘了这一点点，君子之所以是君子，是他们注意保持住了这一点点，而不是回到禽兽本能、森林法则、弱肉强食、贪婪卑劣。天下到了舜帝时期，大舜既能明察万物，又懂得人之伦常规矩，他是遵照仁义之道行事的，是仁义定义了人性、定义了圣王大舜，而不是由他行使并定义了仁义。

就是说，仁义之道是先验的，是天道，高于人，高于大舜，仁义是第一性的，圣王是由于遵循实行了仁义而成为圣王的，不是因为舜等人的施行讲说，天下才有了仁义之道的。不是观念、理论、道德以人为本、为人服务，而是人以仁义为本，因仁义而成人成圣。这个说法既有它的非现代性，又有非帝王至上性的现代性与庶民性。

"天命之谓性，率性之谓道，修道之谓教"（《中庸》），这是儒学的根基所在。到了孟子这里将之发展提升到新的高度。孟子的性善论基本逻辑是：人心向善、邦国天下，天然应该走向以善为核心的仁义之道，因为人性已经具备了善的元素与基因：良知良能。良知良能与生俱来，是至高至上的天命与天意。人只有性善才走近天的伟大，与天的伟大、道的伟大、仁义礼智的伟大融合，也只有将人性之善，理解为天意，才能够使仁政王道修齐治平成为善化德化的颠扑不破的至高律令。

就是说，孟子的说法是人委实"性善"，而且，即使可能有不善之处，毕竟人有性善之处，那么人就必须性善，善也要善，不善仍然要善，没有讨论余地。这是超人间的人性源头——天，所决定的。

善是天定。天是善证。性是天赋。善是性生。善生于天、善是天命。不善违天、不善难容。

不仅个人天性如此，万民的政治趋向更是如此。孟子引用《诗经》与孔子的评论，说是："天生烝民，有物有则。民之秉夷，好是懿德。"上天生养了这么多民人，他们有躯体也有规矩，他们的天性，是喜好善德。

这既是文化信仰、道德信仰，又是人生信仰、终极信仰、类宗教信仰。为什么说终极，因为把天抬出来了。孟子时代，有没有比天更终极更高端更根本的概念呢？老子有：道。天之道可能比天体天空更根本更永恒，现代的天文学能证明这一点。孟子这里，则没有比天更高端更终极的概念。有没有善的本性，是人之为人，人与非人的辨识的基本点。而善性来自至高无上的天。善来自天，天子的地位与权威来自天，天是一切权威与信仰的根本，也是一切政治权力的正当性（如今天所讲的合法性）的根本。人性、道德、仁政、天命、自然就这样浑然统一，品德、政论、哲学、伦理学、中华神学、教育学、公共管理学，就这样浑然无间。在孝悌——仁义——道德之间，在自然、素"朴"（这里有老子的概念）、人性——天性——神性之间，孟子代表的中华文化，为这些相通相异、相反相成、相一相二的范畴之间画了一个等号或者双向箭头。性则善，善则天，天则义，义则无敌于天下。

孟子认为，你从哪儿体悟天命天意天机呢？没有比从人性之善上来悟天、悟终极、悟根本更好的了。恻隐之心、羞恶之心、是非之心、恭敬之心（或辞让之心）是何等的美好动人，它们既有人间性又有崇高性即神性或终极性天生性。人性善性，这是源起，这是仁义的根据，这是归根结底，这是统一的度量衡，这是无敌的万能钥匙，这是核心价值，这是比生命更宝贵的瑰宝，这是人生社会最大的凝聚力吸引力与足堪为之献身的精神丰碑精神图腾，这是孟子的"上帝"范儿概念。

既是"上帝"范儿，又是婴儿般地浅显平易亲切日常，而且是百姓梦："民望之，若大旱之望云霓也。"也是帝王梦："得天下有道，得其民，斯得天下矣。"赢得天下，就是赢得天下的民心。帝王不论多么强大，你不可能管理天下所有的事务，你不可能调配天下所有的资源，你不可能享受天下所有的财富，你不可能占尽天下所有的美名、美德、美食、美女。但是你能做到，让天下民心向着你。

想得美，现在这三个字带有嘲讽之义了，其实，往美里想，往更美好的人间变化，往人间天堂的方向追求，正是世界绝大多种文化的走向、向度，尤其是各种宗教经文祈祷文的向度，文化的魅力离不开生活现实，也离不开想得美。

九、圣贤垂范天下

"君子有三乐，而王天下不与存焉。父母俱存，兄弟无故，一乐也。仰不愧于天，俯不怍于人，二乐也。得天下英才而教育之，三乐也。"这是绝对的世俗与庸常的快乐，又是高尚与纯朴的，最最符合天性自然的快乐，而且应该说是不分君臣、上下、君子、小人的最普泛的快乐。它既是自然又是超自然的"天"所能给予、所愿给予、所可能给予的。也确实给予过许多人的快乐，而针对斯时的急功近利、称王称霸的追求，针对权力欲与征服欲、地位欲，它又是一服清醒剂。为什么"王天下"反而不属于君子之乐的范畴呢？因为那里面包含了权力争夺的因素，还因为那不是快乐而是责任，还因为天并不可能助力所有的君子获得王天下，如果王天下才是成功之乐，那就等于承认只有亿万分之一的君子才能成功、能快乐，而其他绝大多数君子都是闷闷不乐者、欠缺成功的失败者。

孔孟的天与老子的（天）道差不多，是不言的天，是"生而不有，为而不恃，长而不宰，是谓玄德"（老子）的天，是"有大美而不言"（庄子）的天，这是中国的终极关怀终极信仰的一个极不凡的智慧：即不将概念神意志化、人格化、主宰化、威权化。老子那里甚至于提出了"天地不仁"的惊人命题，这一点与儒家相差甚远。老子的命题在于承认天超然于人文观念之外。孔孟则强调人文观念最终是天命的产物，不但是天命的产物，也是后天培育教化的成果。孔孟把先天与后天进一步统一起来了，因为彼时性恶的现实比比皆是。孟子费了老大劲论述是由于环境与后天的失常才发生了糟践善因、渐变成恶的痛心事态。

是故孟子推崇的大丈夫——精英中的巨型成功人

士:"富贵不能淫,贫贱不能移,威武不能屈。"突显了信仰坚定的特色。关键在品质,在内心追求——志,不在事功,具有信仰主义的某些特征。信了就能做,做了就能胜能好,略费了点口舌,事功的事捎带手也做到了。

孟子引用曾子的话说:"子好勇乎?吾尝闻大勇于夫子矣:自反而不缩,虽褐宽博,吾不惴焉;自反而缩,虽千万人,吾往矣。"就是说,只要自己认定的仁德正义、理直气壮之事,谁也不必害怕,一往无前也就能百战百胜。只要自己并不那么理直气壮,谁对谁也不可大意任性。古今中外的勇士,其勇多半是与实力结合在一起的,到了孟子这里,更看重的则是义理,有了义理天下无敌,输了义理,就休要逞雄。

人性、民心、天意、圣贤主义即古代的精英主义,集中表现为王天下亦即平天下的无敌仁政,这是孟子的四位一体的道德政治宏论。

同时,孟子对权力又略有保留。他宁愿以性善、道义、民心为首要为普泛,而以权力为从属,讨论为学、为政、为人生的诸种话题。

《孟子·万章下》中说道:"伯夷,圣之清者也;伊尹,圣之任者也;柳下惠,圣之和者也;孔子,圣之时者也。孔子之谓集大成。集大成也者,金声而玉振之也。金声也者，始条理也；玉振之也者，终条理也。始条理者，智之事也；终条理者，圣之事也。"

这一段话，第一是在家国天下的最高权力系统唐尧虞舜夏禹商汤直至西周的文武周公之后，在圣与王合二为一的光辉传统结束之后，在东周的权力系统仁政王道难以为继的背景下，孟子提出了精英圣贤、圣而非王、亦称玄圣素王的谱系。伯夷叔齐，互让王位继承权，后来又耻食周粟、不事二主，采薇而食，饿死首阳山，其清高清纯清洁无瑕，如诗如歌，现实主义加上了浪漫主义，他们是清圣。伊尹不计代价、忍辱负重、全不在乎个人地位，自卖为奴也好，精学烹饪以近商汤也好，成汤死后曾经放逐汤子太甲，厚布腰带实行共和执政，后来又把教育好了的太甲接回来为王也好，事迹迫于传奇。他历事成汤、外丙、仲壬、太甲、沃丁五代君主，功勋盖世，终年一百岁，以天子之礼陪葬于亳都，称为"商元圣"，他是担当与完成惊人伟业的任圣。柳下惠，不在乎官小，不在乎官场屡受挫折冤枉，做好每件差事，而又能够坚持义礼道德原则，美誉天下，是和圣。孟子将孔子说成圣之时者也，因为孔子赶上的是变局、乱局，孔子到处奔波，屡遭碰壁，为政从政上的成绩事功乏善可陈，而他以有适应时代，屡败屡战，其道一以贯之，搞出那么大动静，叫作集了大成，包括集了清、任、和的圣德之大成，既有金声铿锵清亮之始，又有玉振袅袅，不绝如缕之终。《孟子》中还有多处为孔子说辩处。树好了孔子形象，意在夯实孟子的士、大夫、大丈夫、君子、道统、文统、学统、进而智、退而愚、穷则独善其身、达则兼济天下的全套中华精英主义。当然也是夯实孟子终生努力的价值与成就。

十、孟子的为学

由于注重义理，孟子在阅读、接受、文学批评上都有迄今不可动摇的重要说法："不以文害辞，不以辞害志，以意逆志，是为得之。"孟子早就看出了、警示了单纯地与绝对地陷入咬文嚼字、寻章摘句、见树木不见森林的学风的负面发展的可能。语言文字是思维记忆文化发展与积累的工具、阶梯、桥梁。也可能成为思维与记忆的绊脚石、干扰素。孔子提出以意逆志，以阅读接受者的理解、感受、想法、心思，去揣摩分析书本作者的用心、追求、倾向、思路。不是从言辞到言辞，从字眼到字眼，而是从思想到思想，从心意到心意。

还有被称作"知人论世"的"颂其诗，读其书，不知其人，可乎？是以论其世也"等。这个说法甚至有点历史唯物主义，有点马克思据说"人的本质并不是单个人所固有的抽象物。在其现实性上，它是一切社会关系的总和"的意味。

孟子还说："耳目之官不思，而蔽于物。物交物，则引之而已矣。心之官则思，思则得之，不思则不得也。"这对于今天网络与多媒体时代的人恰中要害。多媒体等的发达使一些糊涂人做出文学式微、小说灭亡的预言，就是说以为用不会思索的"耳目之官"的"视听"感觉与趣味，可以代替用"心之官"去"思"与"得"的"阅读"，这一类问题，孟子早就讲明白了。孟子耳目是听觉视觉的感觉器官，其功能在于听与视，但人更要思索，要用心——当然今天是说用"脑"。孟子此说可以帮助人们明白文学作为语言艺术、作为思维艺术的重要性。

孟子说："博学而详说之，将以反说约也。"由简入繁，再由繁入简；由约入博，再由博入约；由略入详，再由详入略；由地面高入云天，再由云天稳稳落到地面；由平淡进入高亢激昂，再从高亢激昂回到"放其心"——踏踏实实地淡定安详……这是做人做文之道，为政为学之门。善矣哉，孟夫子的独特体悟！

在义理问题上，孟子的坚决与认真感人，也许可以说孟子这方面的调子很高亢。在现实生活问题上，孟子的说法相当灵活。同样是圣人，有"圣之清者也"伯夷叔齐，有"圣之任者也"伊尹，有"圣之和者也"柳下惠，更有"圣之时者也"孔子。"可以仕则仕，可以止则止，可以久则久，可以速则速，孔子也。"可以当官就当官，该退隐就退隐，该坚持就坚持，该速战速决就速战速决，不同的时势，不同的应对，这就是"圣之时者也"的含义，这就是孔子说的"我则异于是（指伯夷、伊尹等），无可无不可"，同时也说明了孔子的环境的复杂多变。但也有针对此"时"字讥笑孔子者，例如鲁迅就因孟子此语称孔子为"摩登圣人"，语含不敬，言之成理，却令人无奈。

孟子承认人生路径选择上的多样性。还有像他母亲的丧事、离开一地时的快慢、接受与不接受馈赠、会见或者不会见什么人，还有即使有了一定地位，是不是真有了说话的机会与必要——他为卿于齐，出吊于滕，与实权派副使王驩不谈公事，他都一一根据具体情况灵活处理，并不生硬较劲。

他还谈到一些具体问题,"养移体,居移气""有恒产者有恒心,无恒产者无恒心",他承认"口之于味也,目之于色也,耳之于声也,鼻之于臭也,四肢之于安佚也,性也",他还说过"富岁易赖(懒),凶岁易暴",还有就是他理想中的小康社会是"七十者衣帛食肉,黎民不饥不寒,然而不王者,未之有也",另一处则是说"五亩之福宅,树之以丧,五十者可以衣帛矣"。在一些实际问题上,他也是接地气的。孟子毕竟是亚圣,他有许多高大上强硬的理论高见,也有许多灵活性可调整可变易性。

孟子立论的特点是:事关义理,事关根本性大概念,事关仁义、道德、天意、民心、王或霸或贼、义或利,他高调强势分析表达,体现了宏大概念的坚决性、绝对性与神性(信仰性)。而面对并未提高到这方面原则高度的具体事务处理,他灵活机动、不拘一格。他的善于上纲上线,又不拒务实机变,影响了两千余年到今日的国人思想方法、论辩方法与操作线路。好处是拎清矛盾性质,正名定性决定政策,明快疏朗简约,原则性与灵活性兼顾。坏处是气胜于理(逻辑),概念胜于本体实在,主体心志情怀胜于调查取证,千差万别的具体情况从属于分类学,结论取决于帽子;固然是天网恢恢大矣哉,终归是疏而难无失、漏也。

两千多年前的孟轲，对今天仍然有启发意义。他很有个性，他善于辩论，他文思纵横而且大义凛然，他常常是一语中的，简明扼要，铁论如山，不容置疑。他又是文采沛然、浩气如虹，读而拍案。他将修身齐家治国平天下诸问题讲得通透贯穿，同时表达了足够的处世的聪明与应对的机敏。初读孟子对他的大言雄辩夸张横空举例不无隔膜感，再读三读，渐渐感觉到了孟轲的智慧与可爱。善哉《孟子》，甚可读也。

第四章 荀子的重要意义

一、与众不同的性恶论

荀子曾经与孟子齐名。前者主张性恶,后者主张性善。当然,孟子衔居"亚圣",荀子在后世的影响比不上人家,这与时间辈分儿先后次序有关,也与性恶说在中国不占上风有关。传统文化特别是儒家文化,是感情文化,是通过名言俚语、说部戏曲、《三字经》、《弟子规》、《千字文》、私塾先生普及于全民的文化,说人生而性恶,民人士人感情上都不好通过。

但荀子的重点不是骇人听闻、痛心疾首地揭露、拷问与哀叹人间的恶人恶行恶性恶情,像某些伟大作家诸如雨果、陀思妥耶夫斯基那样。他的性恶说的重点不是控诉、揭露、审判人间世与人的低劣本性,而是强调礼义教化不可或缺,圣王教化与管理不可或缺,精英政治不可或缺。他强调的是:"伪"。在荀子这里的"伪",是个关键好词,"伪"即人为,"伪"在荀子这里是一切政治文化、国计民生作业的基本功课,是文化的本质,文化靠的不是天生而是人为,这恰如列宁的"灌输"理论,列宁认为,无产阶级本身不可能自发产生社会主义革命理论思想,想让无产阶级觉悟，只能从外面灌输，没有革命的理论就没有革命的行动。我国马克思主义理论家还指出，马克思、恩格斯、考茨基，都已经有对于理论的重视与对于灌输理论的必要性的认同。

荀子的理论则是中国古代的警世高论：仁义道德有赖于后天人文文化、圣贤文化、规范秩序培养、严刑峻法惩治，还有天子与诸侯的既仁爱又强势的治理，然后才能抑恶扬善、化恶为仁，在内圣外王的圣王带领下，在君子、士人、国士、贤臣诸精英的带动下，构建天下归仁的太平与福祉，构建王道与仁政的理想家国。荀子认为什么都靠自发天生长成，是天真乃至幼稚的。

荀子强调人为，强调后天努力，强调精英们的政治使命、历史使命、教化与示范使命，强调要弥补与纠正改造人性中的缺憾不足，这其实是容易与当今中国的社会主义方向，建设学习型社会、学习型政党等提法相通的。

有趣的是，"伪"字在荀子后的国家经验与社会文化词语中被接受的是完全负面的含义，从中可以看出汉字文化的某些特色与命运，看出一种文化思潮，在历史、传播、普及过程中会不断产生出一些新意、新误、新麻烦与新的发展变化契机来。

"伪"字日益成为贬义词，这说明，理论掌握了群众，会成为伟大的物质力量。但群众掌握了名词，自有群众自己的解读。这一类例子，古今中外，不胜枚举。"左右逢源"，本来是孟子对于深度智慧学问的赞扬，但后世多作为两面讨好理解。"言必信，行必果"，底下的话是"硁硁然，小人也"，古代，"硁硁之愚"，是自谦说自己浅薄而又固执。孔孟都将这六个字视作小人的特点，但是绝大多数用此语的人是歌颂这样一种说到做到的诚信与务实精神。至于灌输，至少教育学上不怎么待见这个词儿。精英的语言传播开后，效果有事与愿违处，这是传播学的一个有趣也可叹的现象。

荀子的性恶论易于与韩非子等的法家论述接轨，但荀子在充分认同法、刑的重要意义的同时，尤其强调仁心仁德、为政以德、教化至上、圣贤——精神导师至上，强调礼制法制的严格的规范性；同时，一些治理规则，对于老人、残疾人、边缘人等有各种变通通融折扣的柔性思路。在某种意义上，荀子的性恶论有他的先进与务实处，与孔孟相比较，荀子接地气多一些，高大浪漫的调门少一些。

二、左右齐备，左右逢源

"左之左之，君子宜之。右之右之，君子有之"，荀子含义丰富地引用并称颂《诗经》上的这两句诗，联通了孟子"资之深，则取之左右逢其原"，表现了他对于治理的立体性、多面性与可调整性的认知。后世有不无呆板与庸俗的对"左右"是指诸侯用人的解释，更有对于"左右逢源"的误读与借题（文）发挥的某些批判性解读，即将"左右逢源"解释为两面人与两面派、投机分子。这当然也有解读的道理，乃至国外还有"创造性误读"的说法。这种误读有理的现象在传播学中不足为奇。

尽管如此，我们还是可以从荀子的理论中看出，一个真正追求经世致用，并能联系治国平天下的实际的大儒，与只会寻章摘句的腐儒截然不同。前者能坚持义理原则，也能具体地分析具体情状。荀子与孟子的左右皆有通畅的说法，表示的是精英们的全面性、完整性、包容性、灵动性与有效性；表示了精英的非教条、非书呆子、非愚蠢、非僵化性与为政策选择留下了足够空间的智慧性。尤其现当代，左与右是一个很敏感也极重要的词，读到荀子引用的知左有右的诗句，令人豁然叫绝。

三、礼治是一种文化

以礼经国、以乐附礼助礼饰礼、以圣贤之制为礼乐发生学、以德为政，以仁厚服人取天下、以严刑峻法保持威势、以战车军备御敌、以圣贤伟士自强、慑敌于国门之外，这是荀子政见的全面性、复合性与整体性，堪称仁而不失于面、强而不失于猛。最好的理想是备暴力强迫手段而不用，以软实力赢取民心——以王道得天下。这实在是极有特色的中华文化儒家文化。

仁心在内，礼制在外，有阶级尊卑的秩序规则，有文质彬彬的言语举止，有对于犯上做乱的警惕禁忌惩戒，有兢兢业业的自我约束，有正心诚意慎独的自我自律修养，有以礼为先为美的舆论共识，有是非荣辱之心，存是去非，求荣知耻，乃有规格、格调、正理、章法，生老病死、和战吉凶、朝廷内外、生杀予夺、民生百事、祭奠庄严，宗教神祇，社会与生活的方方面面，都有礼乐、引领、规则、活动旋律与节奏全覆盖，社会自然高雅太平，举止文明，各安其位，少乱无争，无邪少恶。

同时，早在两千多年前的荀子，他就指出："祭者，志意思慕之情也。忠信爱敬之至矣，礼节文貌之盛矣……其在君子以为人道也，其在百姓以为鬼事也。"这样的论述既尊重人们的感悟与习俗，理解与宽容民人在生死大矣困惑痛苦中的恐惧、自慰、虚妄、幻想，又推动通过祭祀礼仪活动，将面对死亡之种种妄念，引向德行善良敬畏规章制度，强化对于祖宗与古圣先贤的思念钦慕、感恩向善、尊敬爱心、人文道德，体现礼的文化属性、君子属性。也承认了百姓中确有神鬼迷信之说的事实，不硬性肯定或否定，因为这不是一两句话说清的话题。与孔子和其他先秦诸子一样，荀子心思清明、智慧超拔、处理妥善、分寸得当，不把百姓的关注向有神论还是无神论的非理性争论上引，不往宗教的可信仰还是不可信仰上引，不煽动宗教或反宗教情绪，不制造神灵信仰上的分裂性歇斯底里，而侧重于对待祖宗与古圣先贤态度的认识，一切合乎礼义道德，从而与野蛮愚昧迷信、草菅生死、与历史虚无主义，也与怪力乱神邪教划开了界限。我这里没有说划清界限，因为这一类话题在古代划清界限是不可能的。

荀子的精英主义了不起，他是一种高尚精英主义，同时尽力理解与缓和精英与民粹的分歧矛盾，维护正道，承认差别，减少纷争，各行其道，适可而止。

礼治的思路也极有智慧，你是精英式认知也好，民粹式认知也好，礼数已经形成与相对固定，大家依礼行事，大家遵守规则，还有志于概念理解命名学说之争，大而化之，淡而化之，尤其是六合之外，存而不论。妙哉！

四、不求知天，注意人事

荀子相当平静地指出了性恶的存在，既保持了敬天的基因，并没有对于天地之间的人这个维度妄议胡言，又冷静地面对了天与人的区分与距离，提出与其与天较劲，不如致力于人事。

同时荀子在中国传统文化论述中罕见地肯定了人欲的不可以轻易祛除，不必敌视人欲，不表示要针砭扫荡，不需深恶痛绝。生而有欲乃至多欲，是正常的，是无法消灭的，不应该向人众施放压制欲望的口号与诉求；问题不在于有欲无欲，而在于你的欲导引了你的什么行为，有欲则可，因欲而行为不端、无礼违法则断然不允。以礼义规范欲乃是文明，而以为可以以礼义消灭欲则是狂悖呓语。荀子此说，也是一家之言而振聋发聩。

可惜的是此说在中国没有传播开，没有得到应有的重视与研究分析。这样，在中华传统文化的名节、礼制、守志、贞操观中，就有一些对人欲尤其是妇女的身体与欲望的过分压制的糟粕存在。

孟子的性善论则给儒家思想披上了美好理想、人间乐园、美德治平、天生孝悌的幸福长衫。天性即是人性，天心即是人心，天性善，这是儒家天人合一主张的重点。而老子的天地不仁的说法，大大降低了人们对待天地、自然、世界的自作多情——"酸的馒头"（sentimental）。

荀子尤其强调礼，强调礼的规范性、治理性、祛恶性、和平性，同时强调礼的前提是义——道义与原则，道义与原则践行在外，诚于中而形于外，于是出现了的，乃是礼——彬彬有礼、谦谦君子、以文化人、永不生乱。

一方面荀子介绍古礼，细致生动具体，入情入理，可亲可爱；一方面，荀子又借孔子之口讲什么比起戴什么样的帽子来说，权力系统的人——天子、诸侯、公卿，更应该关心的是仁心人心良知正道。礼文化心性与人文原则，相依存，相促进，相作用以完成。

五、君王之道

比起《论语》《孟子》来说，《荀子》的篇幅要大得多。他讲的许多问题比较细、比较多面立体、比较切合实情、比较不那么轻易地一两个字带过。

荀子专门讲了君道——天子、帝王、君王之道，强调一切都要遵循效仿唐尧、虞舜、夏禹、商汤、文王、武王、周公。同时荀子又提出了"法后王"的观点，他不搞复古，不认为中华礼义唯古是瞻与越古越好。他倒还没有提出厚今薄古，但颇有些厚古更厚今的意思。他提出道义仁礼德的观念，认为这些带有终极价值意义的范畴其实是来自天地（榜样垂范），来自圣人（教化），是高于权力的，是决定权力被承载拥戴，还是被颠覆毁灭的不同命运的。他认为君王贤良是要知天命的，是不可违背天命的，正如今日之强调不能违背历史与社会的发展规律。同时他又提出了圣人不求"知天"的重大命题：不赞成将心智用在宗教式的终极形而上的空泛高论上，不，哪怕是圣人以代表天的特殊身份与本属于上帝圣母的权威出来说话宣示。他认为圣人做得到的是认同人间正道，认识人间的可与不可、能与不能、义与非义、礼与非礼；有所修为、坚持礼义与礼制、在不同的等级上践行与守护仁德、搞清名分。圣人做的事是天命天意，更是人间性的文化文明推广。他认为搞清与确定万民万事（日理的）万机的统类——矛盾性质，才是治国理政的首要。

荀子强调："法者治之端（根据）也，君子，法之原也。"就是说要以人政保证法治。他说："故明主急得其人，闇主急得其势。"太妙了，那些庸俗鄙陋的官迷，所以不顾一切地上蹿下跳，蝇营狗苟，就是希望做官得势，闇主之势，就是权力派生的压迫性、榨取性、反民人性。他的人治高于法治论现在看来也许不见得全对，但这些说法仍然惟妙惟肖，绝非空论，而是来自古代后代的本土实践，你会觉得荀子实有朝廷官场政治生活的经验，他描写的政治生活现象可闻可见可触，可以当真务实评析。

操作起来，他认为天子、诸侯君王们的主要职责任务是用贤人、清奸佞、赏罚分明、绳墨公平。荀子甚至强调说天子君王是正道启动者、驱动者、布局者、指挥者与裁判者，而做事处理日常政务主要是靠你用的"相"与贤良臣子。荀子认为，有好人好用，天子诸侯可以劳逸适度，可以更多地享受生活，可以更主动地评价监督调配，高高在上，主动在己，进退咸宜。

这倒也是一个思路，却不是排他的。毛泽东的说法则是：领导的使命在于一个是出主意，一个是用干部。当然不仅管人管将，还必须策划百事。

六、臣有臣之道

荀子讲臣，把臣子分了几种：一曰态臣，靠表态作态取宠信者是也；二曰篡臣，做官而扩张权势、穷奢极欲乃至架空君王者也；三曰功臣，取得信任，办实事，立事功者也；四曰圣臣，忠诚于君王，亦忠诚于正道，有所完善，有所谏争，不但出色地完成了君命，而且树立了典范、改善了各方对于权力系统的舆论观感者也。不用多说，这样的区分，实在是地道，读之似曾相识，温故知新。二十一世纪了，对于干部，仍然可以分辨贪婪野心者、表态讨好者、实干出成绩者与成为模范者、民人贴心者——如上个世纪中国人民对于周总理的爱戴与怀念悼念。也许今天，我们比荀子当年，应该提高对于立下出色事功者的评价与褒奖，但四臣的分析确未过时。

荀子还强调区分谄（媚）、忠（诚）、篡（夺）、贼这四种为臣之道，荀子提出了谏、争、辅、拂这四种社稷之臣——国君之宝的重要性，要支持和尊重这样的臣子；并提出了"从道不从君"的说法。他同样鼓吹与孟子接近的古代精英主义、文明为政主义。他高度评价了本土传统政治学对于谏争的讲究。他也是同样地既讲权统法统势统，又讲道统文统学统。

我们可以从《荀子》中读到一些与法家乃至道家相通的思想：关于把握好赏罚，关于权力系统的治理需要与民心结合起来，还有看国家的力量不能只看地盘，更要看君王公卿受拥戴程度等。

他其实是主张儒学与法家与道家的结合，但从动机上、首选上、纲领上说，要以儒家的王道说、仁政说、软实力说为首要。

荀子对于君子小人的说法也极高妙。说小人为什么常戚戚呢？"小人其未得也，则忧不得；既已得之，又恐失之。是以有终身之忧，无一日之乐。"此说令人如见其人，忍俊不禁。作为大儒，能把君子讲得高大上光彩照人，应该是大儒们的长项；而能像孔子、荀子这样地把小人们也讲得入木三分、活灵活现，可说是引人入胜。

在论述到诸侯国势的强弱的时候，荀子更强调的是软实力，是君王的仁心，是民心的向背，是君王的人格修养、道德形象、以文化人的力量。

七、荀子学说的立体性与操作性

书中还有专门的"乐论"，但谈音乐的专门知识很少，讲了半天音乐，实际上仍然是讲重大礼仪上的音乐使人庄重，正派的音乐能够在培养礼敬、诚笃、恭顺、和谐的社会氛围、朝廷氛围、移风易俗方面起到巨大的作用，不可小觑，同时严厉地批评了墨子的非乐论。

荀子猛批墨子的狭隘、过度与呆木，荀子也极度轻蔑公孙龙等人的概念与逻辑推导质疑游戏。从中可以反证，墨子的许多适宜于较低生产力水平的政策设计如薄葬、废乐等，与公孙龙的思维训练曾经发生过多么大的影响；我们从中还可以看到当时的士人对于被后世所称道的百家争鸣局面的负面感受。就是说百家争鸣的另一面是哗众取宠、巧言兜售、天下大乱、莫衷一是。当然，荀子在具有充沛的使命担当、坚持正道的同时，似有学术思想上拘泥平面化的一面。荀子极力为孔子的诛少正卯辩护，强调心达而险、行辟而坚、言伪而辩、记丑而博、顺非而泽这五种具有异己色彩的人是小人中的桀雄，他们比刑事犯罪如盗窃更危险，必须诛杀无赦。这些说法中，似乎流露出政争比惩治犯罪更重要，见解犯罪比杀人放火更严重的狭隘性。

同时荀子也大讲正名，强调桀纣之类的独夫民贼、无道昏君，根本不能算君王，而伊尹、周公等的临时行使君王权柄，也绝非悖逆。先除名、正名、"双开"，再依法严肃处置，做到名正言顺，古已有之。

荀子讲王制，即王者的治理法制。他说："故奸言，奸说，奸事，奸能，遁逃反侧之民，职而教之，须而待之，勉之以庆赏，惩之以刑罚。安职则畜，不安职则弃。五疾，上收而养之，材而事之，官施而衣食之，兼覆无遗。才行反时者死无赦。夫是之谓天德，是王者之政也。"

意思就是说："对于说话、主张、做事、耍手段、钻空子、不安分、偷奸使坏之人，要给予安置，加强教育，适当等待，有所鼓励引领，有所惩罚警示。能够接受安置的就让他们安定下来，不能接受安置的只好予以舍弃。

"对于几种残疾人，君王要收养他们，使用他们的才具，救济他们的衣食，全面覆盖，不能遗漏。

"而对于颠覆社会秩序的人，只能坚决处死，不能赦免。这样做，叫作合于天道天德。这是王者的施政方略。"

这已经突破了儒学的为政以德、道之以德、齐之以礼的范畴和礼教，讲到一些精明强悍的用权手段计谋了。虽然在其他地方，荀子多次反对治国理政的计谋化。

荀子的文字极有特色，写得立体多面、有理有据、有声有色，有的地方痛快淋漓，有的地方无微不至，有的地方渊博丰富，有的地方大义凛然。读起来如飨大餐，丰厚全席。

整个说来，我个人，长期缺少对于荀子的认真关注与足够重视，近四年来，我读荀思荀，发挥荀，极有兴趣，痛感需要看重、再看重、多多看重荀子。

出版说明

历经数千年风雨沧桑的中华文化，绵延至今，生生不息，滋养着中华文明的持续发展，也成为当今世界重要的精神资源。

中国国家主席习近平在纪念孔子诞辰2565周年国际学术研讨会暨国际儒学联合会第五届会员大会开幕会上的重要讲话中鲜明指出，中华文明不仅对中国发展产生了深刻影响，而且对人类文明进步做出了重大贡献；强调要认识今天的中国、今天的中国人，就要深入了解中国的文化血脉，准确把握滋养中国人的文化土壤。

当前，我们正逢急剧变化的时代和文明格局，更为迫切需要读懂中华文化的博大精深，建立全面认知自身历史的版图；我们也需要对传统文化进行创造性转化、创新性发展，重新挖掘其被遮蔽和误读的内在价值；我们还需要在不同文化交流和多样文明对话的场域中，有能力充分展现中华文化的精髓和智慧。

由国际儒学联合会发起和支持、活字文化策划组织的这套"中华文化新读"丛书，因此应运而生。

丛书以对中华文化的前沿研究为立足点，汇集各领域当代重要学者的原创成果，以新视野、新维度、新方法阐释传统文化，以鲜活的语言深入浅出地解读我们的历史和思想，大家写小书，国故出新知。是为宗旨。

二〇二一年九月